新媒体时代的
传播媒介与产业发展

王嘉 著

中国水利水电出版社
www.waterpub.com.cn
·北京·

内 容 提 要

　　新媒体环境下传播具备用户和媒体双向互动的特性,用户也可以是内容的产生者,舆论场呈现出新的特性。网络舆情之所以成为影响社会舆论的重要力量,一个主要的原因在于互联网传播的主体呈多元化趋势。

　　《新媒体时代的传播媒介与产业发展》一书对新媒体进行了概述,对新媒体的传播与营销进行研究,对社群传播、博客与微博传播、QQ与微信传播以及其他传播媒介进行分析,阐述了新媒体产业及其发展,内容全面详实,是一本实用性与可读性兼具的著作。

图书在版编目(CIP)数据

新媒体时代的传播媒介与产业发展/王嘉著.—北京:中国水利水电出版社,2018.9
　　ISBN 978-7-5170-7019-1

　　Ⅰ.①新… Ⅱ.①王… Ⅲ.①传播媒介－产业发展－研究 Ⅳ.①G206.2

中国版本图书馆 CIP 数据核字(2018)第 238528 号

书　　　名	新媒体时代的传播媒介与产业发展
	XIN MEITI SHIDAI DE CHUANBO MEIJIE YU CHANYE FAZHAN
作　　　者	王　嘉　著
出版发行	中国水利水电出版社
	(北京市海淀区玉渊潭南路1号D座 100038)
	网址:www.waterpub.com.cn
	E-mail:sales@waterpub.com.cn
	电话:(010)68367658(营销中心)
经　　　售	北京科水图书销售中心(零售)
	电话:(010)88383994、63202643、68545874
	全国各地新华书店和相关出版物销售网点
排　　　版	北京亚吉飞数码科技有限公司
印　　　刷	三河市华晨印务有限公司
规　　　格	170mm×240mm　16 开本　16.75 印张　217 千字
版　　　次	2019 年 3 月第 1 版　2019 年 3 月第 1 次印刷
印　　　数	0001—2000 册
定　　　价	81.00 元

前　言

　　媒体来源于拉丁语"Mediue",统指受众能够获取信息的一切信息源,包括我们熟悉的报纸、杂志、图书、广播、电视等,也涵盖互联网上的种种信息发布新形态。媒介比媒体一词的外延更加广泛,所有能够进行信息交换的中间物都是媒介,从这种意义上说,一切皆可成为媒介。比如手机、接入互联网的家用电器,以及植入芯片的衣服等。印刷媒介、广播和电视是人类文明不朽的产物,也是推动传媒业发展的引擎。21世纪,基于数字技术诞生的新媒体作为一种全新的媒介迅速地渗透到传媒业。它不但影响了我们的生活习惯和信息环境,也改变了信息内容的生产和传播途径。

　　我国网络媒体在硬件技术和内容传播上的发展已经较为成熟。各大传统媒体和商业门户网站早已依托互联网建立了自己的信息平台,定期向广大网民发布更快、更新、更全的新闻,并提供具有实用性的服务和功能。除此之外,社交媒体也逐渐成为现代网民一个实现信息获取与交换的不可或缺的渠道。

　　新媒体的飞速发展令世人瞩目。新媒体时代的到来完全改变了人们接触、参与信息的方式,颠覆了人们的生存方式和生活方式;消费者的购买方式和购买行为更是发生了新的变化,天猫超市、淘宝、京东等在不同节日的购物狂欢对现代企业营销提出了新的挑战,如何运用新媒体开展营销,营造一个良好的企业生存和发展空间成为当务之急。

　　市场营销是一项务实的工作,对新媒体营销的讨论和学习也应该如此。本书遵循理论运用原则,以实战为出发点,突出对已有成功案例的分析,强调实践应用。

　　本书第一章对新媒体进行综合的概述。第二章对新媒体的传播和营销进行研究。第三章主要研究社群传播。第四章主要研究博客与微博的传播。第五章主要阐述 QQ 与微信的传播。第六章主要对其他传播媒介进行概述,如二维码、网站、搜索引擎、论坛。第七章主要研究新媒体产业及其发展。

  本书借鉴了一些学界和业界研究者的观点和内容,力求在内容上更加全面,更加注重相关数据的真实性,希望读者在阅读本书之后,可以对本书提出更多的批评建议,也希望有更多的研究学者可以继续对新媒体进行研究,以促进新媒体产业的发展。

作　者
2018 年 5 月

目　录

第一章　新媒体概述

随着科技的飞速发展,新媒体越来越受到人们的关注,成为人们讨论的热门话题。新媒体的出现,为人类实现"所有人对所有人的传播"提供了现实的基础。本章从新媒体的概念与类型、新媒体的特征、新媒体与自媒体、移动新媒体与企业新媒体几个方面进行介绍。

第一节　新媒体的概念与类型

一、新媒体的概念

新媒体这个概念出现于 20 世纪 60 年代末。1967 年,美国哥伦比亚广播电视网(CBS)技术研究所所长 P. 戈尔德马克(P. Goldmark)发表了一份关于开发电子录像(electronic video recording,EVR)商品的计划,其中首次提出了"新媒介"(new media)一词;1969 年,美国传播政策总统特别委员会主席 E. 罗斯托(E. Rostow),在向尼克松总统提交的报告书(简称"罗斯托报告")中,也多处使用 new media 一词及有关概念。自此"新媒介"一词在美国社会上上下下迅速流行,并传至其他西方国家。20 世纪 70 年代末至 80 年代,"新媒介"成为西方发达国家新闻界、学术界和科技界最热门的话题之一。关于新媒体的概念,相关的专家、学者以及实务工作者都进行了不断地探索,但目前仍没有确切的定义。

美国《连线》杂志对新媒体的定义为:"所有人对所有人的传播。"从某种程度上说,这个定义更像是一个口号"We media"。美国的俄裔新媒体艺术家列维·曼诺维奇(Lev Manovich)认为,新媒体将不再是任何一种特殊意义的媒体,而不过是一种与传统媒体形式没有相关的一组数字信息,但这些信息可以根据需要以相应的媒体形式展示出来①。清华大学新媒体研究中心主任熊澄宇教授认为:"所谓新媒体是一个相对的概念,'新'相对'旧'而言。从媒体发生和发展的过程当中,我们可以看到新媒体是伴随着媒体发生和发展在不断变化。广播相对报纸是新媒体,电视相对广播是新媒体,网络相对电视是新媒体。今天我们所说的新媒体通常是指在计算机信息处理技术基础之上出现和影响的媒体形态②。"熊澄宇教授还指出:首先,新媒体是一个相对的概念,新相对于旧而言。其次,新媒体是一个时间的概念,在一定的时间段内代表这个时间段的新媒体形态。最后,新媒体是一个发展的概念,它永远不会终结在某个固定的媒体形态上③。江西师范大学的项国雄教授等认为,新媒体是一个相对的概念。媒体是信息载体,新是相对旧而言的。一种新出现的信息载体,其受众达到一定的数量,这种信息载体就可以称为"新媒体"。因此,新媒体的定义非常广泛。在现代,包含了互联网、手机短信、数字电视等多种新兴媒体④。奇虎副总裁刘峻先生认为这是对新出现的媒体形式的一个统称。任何时代都会有相对而言的新媒体,也就会有相对而言的旧媒体。这是一个相对的概念,不是一个绝对的概念。发展到现在这个时代,我们所见的新媒体,主要是指那些网络技术革命带来的媒体产物⑤。上海文广新闻传媒集团总裁黎瑞刚认为,所谓新媒体,是一个相对的概念,是在我们平时见到的报刊、广播、电视等传统媒体以后发展起来的新的媒体形态,最常见的就是数字媒体和新媒体。阳光文化集团首席执行官吴征认为:"相对于旧媒体,新媒体的第一个特点是它的消解力量——消解

① 史坦国际论坛:新媒体电视论坛. www. stanchina. com/shop.
② http//media. People. corn. cn/GB/35928/36353/3160168. html. 2005-02-01.
③ 熊澄宇. 新媒体与移动通讯[J]. 广告大观(媒介版),2006(5).
④ 项国雄. 新媒体与人际传播[J]. 传媒观察,2006(4).
⑤ 刘峻. 新媒体之我见[J]. 广告大观(媒介版),2006(5).

传统媒体(电视、广播、报纸、通信)之间的边界,消解国家与国家之间、社群之间、产业之间边界,消解信息发送者与接收者之间的边界,等等①。"上海东方宽频总经理张大钟对新媒体的定义是,新媒体是一个宽泛的概念,是利用数字技术、网络技术,通过互联网、宽带局域网、无线通信网、卫星等渠道,以及电脑、手机、数字电视机等终端,向用户提供信息和娱乐服务的传播形态。新媒体是信息科技和媒体产品服务的紧密结合,是媒体传播市场发展的趋势和必然方向。

从以上的诸多定义来看,可以归纳成两个方面:一方面是新媒体具有一定的相对性,所以我们有第一、第二、第三、第四媒体之分;另一方面是新媒体与信息技术进步是密不可分的。综合以上的定义,笔者将从以下几个层面对当今的新媒体进行界定和诠释:

(1)传播技术方面。新媒体主要是以计算机信息处理技术为基础,以电信网络作为运作平台的媒体形态,主要包含了数字压缩技术、数字版权保护系统、流媒体技术、与互动应用有关的信息技术范畴,以及使用有线与无线通道的传送方式,比如互联网、手机媒体、移动电视、电子报纸等,并且传播技术的完善与更新非常快。

(2)传播形态方面。新媒体传播的内容形态主要是以数字多媒体的复合方式呈现的,可以集声音、文字、图形、影像等为一体同步呈现。

(3)传播的有效范围方面。新媒体具有很高的科技含量,可以进行跨媒体、跨时空的信息传播。受众接收新媒体信息,大多不受时间、地点、场所的制约,随时随地通过新媒体在电子信息覆盖的地方接收地球上任何一个角落的信息。

(4)传播状态改变的方面。新媒体具有互动传播的特性,改变了传统媒体的一点对多点为多点对多点传播的形式。新媒体依托互联网、手机短信等方式,使普通人都可以经济而便捷地以众多形式向他人传播信息。新闻生产不再是少数媒体机构中编

---

① 李玲. 无线传媒将改变媒体格局[N]. 通信信息报,2008-04-17.

辑和记者的专利,已逐渐演化成"多数人向多数人传播新闻"的传播模式①。

二、新媒体的类型

新媒体从发展之初到现在,其类型一直在发展变化,下面便对其类型进行分析,而其中的博客、微博、搜索引擎、微信、QQ在下面的章节中会有所分析,这里不再赘述。

(一)从门户网站到微网站

1. 第一代新媒体:门户网站

互联网在中国开始广泛为人所知,是始于1998年开始的门户网站建设热潮。当时人们对建设门户网站的热情一点都不亚于今天建设移动互联网的热情。

门户网站,通俗地说就是进入互联网的一个入口,只要通过这个网站就可以获取你需要的所有信息,或者达到任何你想要达到的网站。

在门户网站发展刚起步的时候,很多门户网站只是提供搜索服务和网站目录服务,但是在后来的发展中,这些门户网站快速地拓展各种新的业务,如电子邮件、发布新闻、在线调查、开通话题专栏、提供论坛博客等,功能越来越全面,架构也越来越复杂。

1994年的美国雅虎网站就是一个链接合集。雅虎为用户整合了互联网上优质网站链接(见图1-1),不断实时收录新的好网站,大大节约了网友查找网站的时间,最后逐步发展成为一个互联网门户入口,红极一时。

中文早期门户网站也是通过模仿雅虎模式发展起来的。早期的网易界面就是一个中文版雅虎,如图1-2所示,只不过在页面设计上与雅虎的风格不同。

---

① 喻国明. 解读新媒体的几个关键词[J]. 广告大关(媒介版),2006(5).

　　到了今天,所有的新闻门户网站都发展成了栏目多元化的综合性网站,今天的门户网站首页和当年的区别非常大,如图 1-3 所示。

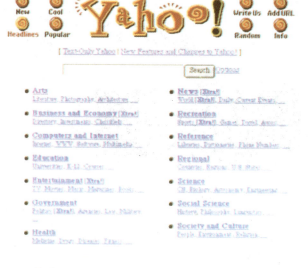

图 1-1　1994 年的雅虎首页

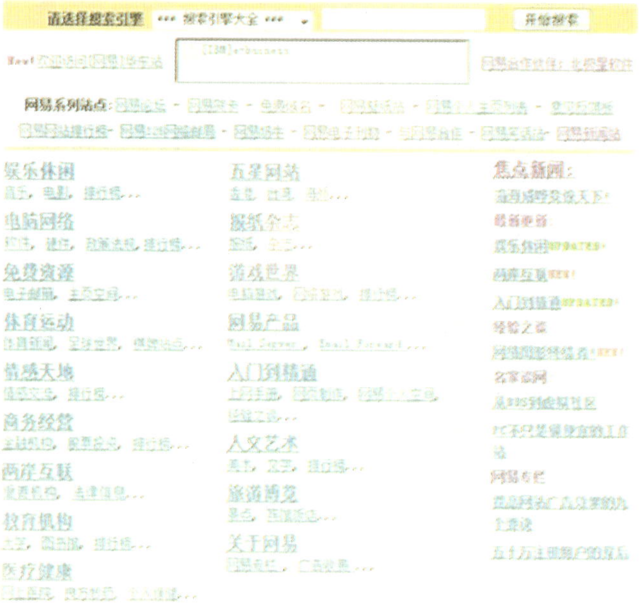

图 1-2　1998 年网易首页

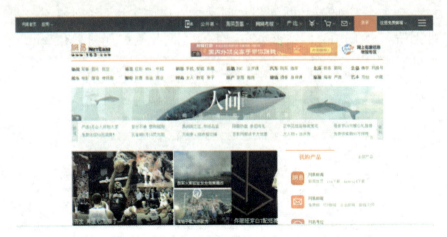

图 1-3　2018 年网易首页

　　根据你想获取的信息不同,门户网站分为综合型门户网站和垂直型门户网站。在我国,典型的综合型门户网站有新浪、搜狐、网易、腾讯四大网站。

　　把门户网站按照网站内容和定位分类,可以分为网址导航式门户网站、综合性门户网站、地方生活门户网站、垂直行业综合性门户网站以及公司组织门户网站。

2. 移动门户:微网站

　　绝大多数的门户网站,通过网络都可以直接访问。当门户网站信息比较丰富的时候,一个页面放不下,就需要设置页面导航。首页上放重点信息,然后通过文字链接、图片链接让用户进入更多的子栏目页面,如图 1-4 所示。

　　从门户网站的结构来看,网站首页的传播效果最好,门户网站主要的传播能力也来自首页。图 1-4 的中间区域就是门户网站的首页广告位,一般把这种广告称为 Banner 广告。

　　随着智能手机的普及,移动互联网的时代到来,人们更多地喜欢在移动终端获取信息,因为很多门户为了适应手机阅读,针对性设计了手机门户,由此也出现了微网站的概念。

图 1-4　新浪首页的导航

3. 门户网站和微网站在阅读方式上的区别

微网站更适应移动互联网的特性,信息展现形式更多样,更适合碎片化时间阅读。不过,其与门户网站一个巨大的区别就是微网站首页能展示的有效信息量非常少,所以用户在门户网站和微网站上的阅读习惯是不同的。

在门户网站上一次性弹出信息量很大,人们的阅读习惯是把感兴趣的内容一口气点开,然后等页面刷新,逐个阅读后逐个关闭。

在门户网站首页会放置很多弹窗广告、文字链广告、图片链广告,这些强制曝光的广告今天只能吸引很少的人关注,更多用户是因为手滑而误点开,如图 1-5 所示。这也是门户网站阅读的一个特点:每个页面上都有各种诱导你误点击或者分散你阅读注意力的链接,让阅读很容易顺着各种超链接意外跳出。

而在微网站上,人们的阅读习惯是看到感兴趣的内容才会打开阅读。手机屏幕很难支持多个页面切换,所以阅读习惯是一层层进入。一旦打开一个页面,在相对短的时间内很少受干扰,反而可以获得相对更专注的阅读体验。

图 1-5　门户网站腾讯上的广告

　　新媒体运营者要了解这些互联网媒体变化趋势,这是为了更好选择合适的推广渠道。

　　要了解门户网站和微网站投放广告类型的不同,可以通过表 1-1 先做一个对比分析。

表 1-1　门户网站和微网站对比

对比项	门户网站	微网站
展现终端	计算机、平板电脑	智能手机
展示风格	繁复、令人眩晕	简洁、大气
展示形式	强制弹窗、顶部 Banner、Banner 图文链、正文关键词超链接广告	顶部 Banner、文章底部广告、软文导流
交互方式	评论、点赞、导购	点赞、导购
传播方式	截屏或复制链接到 QQ 群、微信群	转发分享
适合类型	品牌广告、活动导流	产品导购

（二）从邮件到 EDM

1987 年 9 月 20 日，有"中国互联网第一人"之称的钱天白从北京经意大利向当时联邦德国卡尔斯鲁厄大学发出了中国第一封电子邮件。

这封邮件的内容是"穿越长城，走向世界"。这是中国人在互联网上的第一步，从此"伊妹儿"（E-mail 的谐音）开始进入第一代中国网民的视野，拥有一个个人电子邮箱成为网民的标配。

1. 第一代沟通工具：电子邮件

电子邮件的英文单词是 E-mail，指由寄件人将信息发送给一个人或多个人，一般会通过互联网或其他电子通信系统进行书写、发送和接收信件。通过电子邮件系统，用户可以非常快速的方式（通常情况下几秒钟之内可以发送到世界上任何指定的目的地）与世界上任何一个角落的网络用户联络。电子邮件的内容可以是文字、图像、声音等各种多媒体信息，这是传统的信件方式难以相比的。

正是由于电子邮件使用简易、投递迅速、收费低廉、易于保存、全球畅通无阻的特点，使得电子邮件被广泛地应用，它使人们的交流方式得到了极大的改变。第一代网民每个人都要申请一个电子邮箱。电子邮箱类似于用户家门牌号码的信箱地址，或者更准确地说，相当于用户在互联网网站上租用了一个信箱。因为传统的信件是由邮递员送到用户的家门口，而电子邮件则只需要用户自己在线查看信箱，不用跨出家门一步。

早期的电子邮件用扩大容量存储更多的信件，支持更大附件发送，进行更严格的垃圾邮件删除的方式吸引大家使用付费邮箱，并在一段时间内被看作是互联网企业的盈利之道，但很快，越来越多的互联网网站把大容量电子邮箱作为免费服务推出。到今天几乎人人都拥有自己的电子邮箱，电子邮箱成为人们办公必不可少的工具。用户可以通过电子邮件的讨论会进行项目管理以及决策,还可以通过网络与他们的客户、合作伙伴乃至世界上的任何人进行通信和交流。

2. 电子邮件营销

随着电子邮箱的普及,电子邮件以文字、图像、声音等各种多媒体信息向用户提供信息和服务,无疑属于新媒体的范畴,人们进一步利用电子邮件新媒体的传播特性,从邮件中挖掘出了一种新的营销手段——电子邮件营销(Email Direct Marketing,EDM)。越来越多的机构推出可以免费或付费订阅的新闻邮件、专题邮件,加上邮件信息搜索,这成为最早的互联网广告形式的载体。企业商户开始挖掘邮件中的商机,EDM 开始慢慢兴起。

如用户在 QQ 邮箱中就可以选择订阅自己喜欢的企业邮件,在这些推送的邮件中就可以搭载企业的营销信息,如图 1-6 所示。

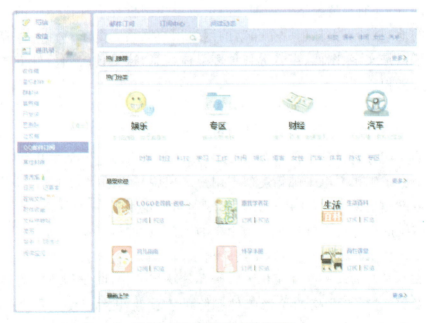

图 1-6　QQ 邮箱里的邮件订阅区

和在邮件里经常收到的不受欢迎的垃圾邮件(SPAM)不同,邮件营销必须是在用户事先许可的前提下才能进行,其是通过电子邮件的方式向目标用户传递有价值信息的一种网络营销手段。

许可邮件营销和垃圾邮件的区别如表 1-2 所示。

表 1-2　许可邮件营销和垃圾邮件的区别

项目	许可邮件营销 EDM	垃圾邮件营销 SPAM
事先许可	是	否
发送对象	潜在目标用户	广泛群发
发送内容	有价值的信息	广告甚至是诈骗信息
交互方式	允许退订	文件改名诱导下载,图片诱导跳转

(三)从论坛到知乎

1. 第一代社区:论坛

论坛(Bulletin Board System,BBS),又名网络社区,是 Internet 上的一种电子信息服务系统。论坛的主要功能是用户可以自由发布主题和回复帖子,内容多变,具有极强的交互性。

中文论坛的火爆始于 1997 年,与中国互联网开始繁荣同步。

1997 年 11 月初,一位痴迷足球的福州男人老榕带着同样痴迷足球的 9 岁儿子飞到大连金州看世界杯预选赛,兴高采烈的他们最终以失望收场。几天后,他坐在计算机前义愤填膺地写下了一篇几乎让所有球迷落泪的文章——《大连金州没有眼泪》,然后贴到了当时四通利方的论坛(新浪前身)的体育沙龙上。这个论坛聚集了一批体育迷,也是许多体育记者和编辑寻找新闻线索的地方。这篇帖子随即传遍了足球界和网络界。这篇文章在发布两周后,被《南方周末》于 1997 年 11 月 14 日整版转载。四通利方连同论坛版主名字"Gooooooal"一起上了报纸,这位版主就是后来的新浪网第一位编辑,后来出任新浪全球执行副总裁、总编辑陈彤。"十强赛""老榕和他的文章""四通利方",这几个词语似乎毫无关联,但在 1997 年,它们却成为了中国网络论坛兴起的标志。这是一次影响深远的事件,让大家第一次感到互联网传播的巨大力量,也是传统媒体第一次关注到论坛为代表的网络新媒体。

　　1998 年开始,国内论坛发展如火如荼。除了新浪、搜狐、网易这三大门户网站论坛之外,天涯、西祠胡同、猫扑、凯迪等中文论坛逐渐兴起,甚至连搜索巨头百度也建立了"百度贴吧",论坛盛极一时,如图 1-7、图 1-8、图 1-9 所示。不同的论坛为了争取用户、获取流量,开始走向细分道路,由此出现了如文学领域的榕树下、红袖添香,IT 领域的 Donews,手机领域的手机之家,汽车领域的汽车之家等大量专业论坛。中文论坛开始步入历史上最繁荣的时期。

图 1-7　天涯论坛

图 1-8　威锋网论坛,一个以 iPhone 作为主题的论坛

图1-9　猫扑——中国知名的中文网络社区之一

由于人气大量汇聚,网络论坛不断地发展成熟,它们开辟了一个简单的互动沟通环境,尤其适于传播和不同话题的讨论,如"灌水""置顶""加精""斑竹(版主)"。论坛是用户聚集的地方,论坛要运营到有一定的流量和知名度才会有盈利的方式,论坛的活跃性决定着论坛要靠网站推广盈利。不同类型的论坛,其盈利的模式也是不同的,但是现在大部分论坛还是在靠广告盈利。

2. 知乎:问答社区的复兴

随着人们泡论坛的时间慢慢变少,论坛似乎成为过时的新媒体。但创立于2010年12月的一个网络问答社区——知乎却让人眼前一亮,如图1-10所示。

同样属于内容型社区,同样是人人可以注册,同样是在一个话题下人人都可以发表评论、互相点评,但知乎的用户使用体验就比过去的中文论坛好。

为什么知乎能做到这一点呢?

(1)知乎是一个真实的网络问答社区,由于大部分论坛是匿名注册,所以从一开始知乎就更容易形成实名社区的氛围,更容易培养友好与理性沟通的文化,避免过去中文论坛上常见的"拍砖"文化。

图 1-10　知乎页面

（2）知乎的运营策略是"先精英，后大众"，先联系各行各业的精英入驻，形成高质量问答的氛围，然后带动普通用户逐步加入，这样很容易让用户分享彼此的专业知识、经验和见解，理性沟通的文化得到传递和扩散，从而持续创造高质量的问答信息。

（3）从知乎对话题的管理模式上看，知乎的信息筛选机制比普通论坛要先进。知乎放弃了论坛传统的"导航树＋置顶话题"的信息组织方式，而是直接引入关键词搜索模式，这一方面贴合了网民已经习惯搜索的使用特点，另一方面也可以通过控制搜索结果淘汰垃圾内容。

针对论坛中大量出现的"路过帖""沙发帖""mark 帖"，知乎强化了对低质量或垃圾内容的功能化屏蔽；另一方面保留了"点赞回复"的激励功能，用户的高质量的回答都会有记名的赞同。

应该说知乎这些设计非常适合移动手机端阅读，简单、方便、快捷，而传统论坛的话题树模式更适合计算机大屏幕，在智能手机普及的今天，知乎自然更容易赢得用户喜爱。

（4）知乎的问答，表面上是问答，背后还引入了社交网络服务（SNS），是人、话题和问题的相互联系。知乎鼓励网友邀请最合适的人来回答最合适的问题,如有人提了关于法律的问题,这个问题很快会被关注法律话题的人看到,再由他们帮助邀请领域专家来解答。这样,每个人获得可靠答案的机会就会增大,可靠的答案大家更愿意分享,分享的人多了,社区的力量也会得到验证和增强,这是一个良性循环。

(5)知乎打破了过去论坛的自我封闭性,过去论坛话题都在论坛内交互,知乎一开始就鼓励网友转发话题到微博,然后通过微博为自己的社区导流。知乎也经常主动发布《知乎文摘》,在各种新媒体平台发布,扩大知乎的影响力,吸引更多的网友来知乎交流。

总体来说,从传统论坛到知乎,两者都是对话题的讨论,但随着人们对信息的获取要求越来越高,同样都是内容型的社区,两种新媒体的形态在发展中不断发生变化,其中唯一没有变的是人们对交流的渴望。

(四)从视频到秒拍

1. 视频网站

视频网站是指可以让互联网用户在线流畅发布、浏览和分享视频作品的网络媒体。

2005 年,YouTube 视频网站以其独特的分享模式取得成功后,第二年,YouTube 被 Google 以天价收购,于是这家美国的视频分享网站进入了中国人的视野。

在那之后,很多人看准了视频网站中所蕴含的巨大商机并纷纷仿效,一时间国内视频网站呈爆炸式发展。网络视频行业虽然诞生的时间不是很长,但发展却非常迅速。除去专业的视频网站(如优酷、土豆、56 网、乐视),一些门户网站(搜狐、新浪、网易)也开始进入该领域。这一时期,酷 6、爆米花、六间房、暴风影音、PPlive、PPS 等数百家视频网站纷纷崛起,分别从自己的角度做起了网络视频的生意。

　　视频网站早期的主要运营模式就是发动网友上传和分享视频,这样可以在短时间内聚集大量的人气和流量。视频网站培养了不少属于自己平台的草根名人,像"西单女孩""旭日阳刚"等,都曾通过优酷、土豆、56网、酷6网等视频分享平台赢得了广泛关注,如图1-11所示。

图 1-11　优酷官网

　　随着视频行业的发展,视频网站的主要收入——广告流量收入发展缓慢,远不足以支撑庞大的运营成本。视频网站的运营成本主要是在版权、带宽、服务器、运营的支出上,其中版权和带宽方面的建设非常"烧钱",这两点限制了视频网站的盈利空间。再加上我国的各大视频网站板块形式与内容过于雷同,盗版比较严重,缺乏创新,这导致很多视频网站一直没有实现盈利。

　　为了实现盈利,国内的视频网站从免费分享视频模式走向了在视频前后加上贴片广告的模式,包括视频暂停时也可以插入暂停广告。一开始视频网站担心破坏用户体验,要求视频广告采取随机插入的策略,广告时间也不超过15s。后来逐步发展到广告长达60s,而且强制用户必须观看完才能看视频。之所以发生这样的变化,一个很重要的原因是几乎所有生存下来的视频网站都开始重视购买独家原创影视剧版权,或者干脆自拍网剧。最近这几年,优酷、爱奇艺、乐视等视频网站出品了大量的原创的大受欢迎的影视剧,大量流失的电视观众为了追剧,纷纷成为视频网站的用户,甚至成为付费用户(付费用户享有跳过广告的特权)。

这时,人们普遍更喜欢视频分享的 UGC(用户生产内容)模式。在 2014 年,一款短视频 UGC 的平台——秒拍上线,一时间吸引了大批网友的喜爱。

2.秒拍短视频

2015 年开始,微博上开始兴起了以"秒拍"为代表的短视频,如图 1-12 所示。秒拍的宣传语是"10 秒拍大片"。其是众多明星、美女都在玩的最新潮短视频分享应用,支持视频同步分享到微博、微信朋友圈、QQ 空间,和更多好友分享自己的视频。

图 1-12　微博分享秒拍视频

秒拍凭借全新设计风格、全新操作体验、清晰的视频拍摄，再加上炫酷的 MV 主题，以及各种新奇的玩法，改变了以往人们拍摄完再上传视频的形式，直接拍、直接发微博和微信朋友圈，还能增加各种特效，特别是美白特效，因此迅速受到年轻人的喜爱。

（五）从手机报到新闻客户端

1. 手机报

手机报（Mobile Newspaper）是从手机短信发展而来的，和手机短信只有几十个字不同，手机报可以推送新闻、图片、广告等内容，手机报可以为企业发送大容量的多媒体信息，包括长达 1000 字的文章、小于 50 K 的图片。它的实质是电信增值业务彩信与传统媒体相结合的产物，是以手机作为传播新闻的载体，实现用户与资讯的零距离接触。

2004 年 7 月 18 日，《中国妇女报》（彩信版）正式开通，该报也成为我国内地第一份手机报。手机报刚出现时，很多人认为这会给传统媒体带来跨时代的革命性意义，手机报纸是一个新媒介时代的开始。但实际上手机报第一没有取代传统媒介，第二也没有成为新媒体的主流渠道，甚至在营销推广上还不如手机短信到达率高。

手机报操作的模式类似于传统纸媒，就是报纸通过电信运营商将新闻以彩信的方式发送到手机终端上，用户可以离线观看，也可以通过访问手机报的 WAP 网站在线浏览信息，类似于上网浏览的方式。

手机报主要通过 3 种手段实现盈利：一是对彩信定制用户收取包月订阅费；二是对 WAP 网站浏览用户采取按时间计费的手段；三是借鉴传统媒体的盈利方式，通过吸引用户来获取广告收入。

手机报之所以没有得到普及，主要有以下 3 个原因：

（1）手机报出现太早，用户没有形成手机阅读的习惯。

（2）手机带宽流量不足，WAP网站阅读体验不佳。

（3）更多是传统媒体复制推送自己网站的内容，而不是围绕移动阅读打造产品。

虽然手机报不温不火，但是不等于移动新闻阅读没有需求。2012年开始，各大媒体网站逐渐开始展开新闻客户端之间的竞争。腾讯、网易、搜狐等多家著名网络公司对于移动新闻的客户端进行了研发。

2. 新闻客户端

为了适应移动阅读模式，新闻门户网站纷纷推出专门的新闻门户客户端，如网易新闻客户端、腾讯新闻客户端、搜狐新闻客户端；也有人发现机会，推出了更适应手机阅读的新闻门户媒体，如今日头条；有些传统媒体也抓住移动阅读机会，推出自己的移动新闻客户端，如浙报集团的澎湃新闻、上海文广集团的界面新闻。

这些借助数字、移动技术，安装在移动客户机上的新闻类服务程序，我们统一称之为新闻客户端产品，如图1-13所示。

新闻客户端的兴起其实是适应移动阅读的趋势，取代传统看报纸或从门户网站看新闻的需求，但是移动终端界面很少，所以新闻客户端也为适应这一变化做了许多重要的创新：

（1）碎片化阅读，排版适应手机载体，受众可随时随地阅读相应信息。

（2）突出头条新闻，引入独家原创内容，围绕精准定位推送文章，抓住目标人群。

（3）强化个性化推送，依据用户阅读习惯，智能推送用户喜欢阅读的文章。

（4）订阅简单，安装方便，可以自动弹出消息提示。

（5）鼓励转发社交媒体，强化交流分享属性。

图 1-13　网易新闻客户端

　　手机报和新闻客户端同样都是通过手机获取新闻资讯信息,但二者还存在相当大的区别,我们可以通过表 1-3 先做一个对比分析。

表 1-3　手机报和新闻客户端的对比

对比项	手机报	新闻客户端
展现渠道	短信、彩信	新闻 APP
展示形式	单一图片或文字	焦点图 Banner、信息流、图文、视频、直播
交互形式	单向推送	评价、点赞、分享、智能推送个性内容
传播方式	转发短信	转发微博或微信朋友圈
营销模式	广告信息植入	品牌广告位、活动导流、产品导购、软文植入、公关文章

不仅传统门户网站和传统媒体杀入新闻客户端,还有专门的内容聚合推送阅读客户端,这就是今日头条。今日头条是一款基于数据挖掘的推荐引擎产品,它为用户推荐有价值的、个性化的信息,提供连接人与信息的新型服务,是国内移动互联网领域成长最快的产品服务商之一。它于 2012 年 3 月创建,截至 2016 年 5 月,今日头条累计激活用户数已达 4.8 亿人,日活跃人数超过 4700 万人,月活跃人数超过 1.25 亿人,单用户每日使用时长超过 62min。其中,"头条号"平台的账号数量已超过 12 万个,"头条号"自媒体账号总量超过 8.5 万个,与今日头条合作的各类媒体、政府、机构等总计超过 3.5 万家。

当用户使用微博、QQ 等社交账号登录今日头条时,它能在 5s 内通过算法解读使用者的阅读兴趣。用户每次动作后,10s 之内更新用户模型,从而越来越懂用户的阅读兴趣,进行精准的阅读内容推荐。

今日头条这样的智能推荐搜索新闻引擎将会是未来新闻阅读发展的方向。

(六)从数字电视到直播

1. 数字电视

自从 20 世纪 90 年代以来,随着计算机信息技术与数字化技术的发展,伴随高科技图像压缩技术,传统的广播电视行业进入了数字化发展的新阶段。从显像技术上看,电视经历了从黑白到彩色的发展过程;从成像技术上看,电视正经历着从模拟信号到数字信号的转变。

数字电视是一个面向用户的数字处理系统,涵盖了从电视节目的采集到电视节目的制作与传输等多个过程。我国从 1999 年 10 月 1 日起开始试播高清晰度电视(HDTV),2012 年 1 月 1 日起开始试播立体电视,如图 1-14 所示。

图 1-14　夏普 60 英寸 3D 数字电视

　　数字电视的产生是电视技术革命的一个全新变化,它不仅仅是传统广播电视的数字化,究其本质来看,数字电视与数字通信基本一样,它们都是以数字化的形式对信息进行传递。在当前发展的过程中,数字电视引领了多产业链的同步发展,数字电视与传统广播电视在交互上的区别如表 1-4 所示。

表 1-4　数字电视和传统广播电视在交互上的区别

项目	数字电视	传统广播电视
图像质量	高	受传输接收影响图像会受损
节目容量	大	容量有限
是否支持点播	支持	只能有限换台
是否支持回看	支持	不支持
是否支持快进	支持	不支持
是否支持在线交互	可扩展多种交互场景	不支持
是否支持数字游戏	支持	不支持

　　数字电视具有图像清晰、无噪声、无重影、多媒体、可以点播等特点,能使用户看到更多、更丰富的节目资源,受到了广大用户的欢迎,所以很多人把数字电视看作家庭互联网中心的入口平台并对其寄予厚望。像小米、乐视等互联网企业推出数字电视,也是想提前卡位这个互联网入口。

2. 移动端新潮流：直播

2015 年以来，网上最热的新媒体无疑是网络直播。"国民女神"刘涛直播与粉丝互动，仅仅 5min 就导致网络瘫痪，如图 1-15 所示。当集美貌与才华于一身的 papi 酱开始通过直播售卖《魔兽》衍生服装，当沈阳大妈开始直播吃虫子……直播开始以一种无孔不入的方式渗入我们的生活。

图 1-15　刘涛平台直播

网络直播是一群人同一时间通过网络在线观看真人互动节目。最早是优酷、土豆等视频网站上传个人小视频，再发展到类似六间房等网页端的"秀场"时代，如今的直播平台已经进入了"随走、随看、随播"的移动视频直播时代。

网络视频直播最大的特点是可以让用户与现场进行实时连接，具备最真实、最直接的体验。从信息传播的角度来看，文字可以捏造，图片可以 PS，视频也能剪辑制作，唯独直播真实性相对最强,因为主播和用户如何互动是无法提前安排的,这才会给用户足够的想象空间和惊喜,吸引用户收看,而其强大的互动性也拉近了粉丝和主播的距离。如果运营商请的直播主持人有影响力或者是大明星,那么直播同样可以创造出具有超高影响力的话题,并与直播的粉丝实时互习,带动更多用户一起参与进来,使话题更具传播力。

今天的网络直播只需要通过一部手机便能够实现,大大降低了传播门槛。通过直播,人们能够将自己的日常生活发布到网站上,以新鲜、奇特的内容吸引更多人的关注。而通过直播,人们能够将外部的东西附加进去,实现产品宣传,而感兴趣的人可以通过购买行为让直播者实现流量变现。如果你在直播平台上有足够吸引力的话,你就能成为人们心目中的网红,就具有引导流量变现的能力。因此,网络直播成为现在最受热捧的一种新媒体营销方式。

(七)从淘宝到微店

1. 电子商务平台:淘宝网

其实最早的电子商务平台是 B2B 平台,也就是企业和企业在网站上寻求业务合作的平台,如中国的阿里巴巴就是这样的贸易平台。后来互联网企业发现互联网可以直接打通企业和消费者之间的直接联系,于是就开始尝试做 B2C 平台,早在 2003 年中国就有了这样的网上购物网站。电子商务巨头美国 eBay 在这个时候投资 1.8 亿美元接管易趣,进军中国市场,如图 1-16 所示。

在 2003 年之前,除了易趣,中国几乎没有什么强有力的电子商务网站,直到阿里巴巴的淘宝出现。2003 年 4 月,马云秘密派出一支 9 人小团队入驻杭州城西湖畔花园小区一幢小楼里,签了保密协议,没日没夜研发一个月,淘宝网在 2003 年 5 月 10 日正式上线,网面上挂出的 200 多件"商品"全是几个技术人员从自家拿来的闲置物。20 天后,淘宝有了第 1 万名注册用户。淘宝网界面如图 1-17 所示。

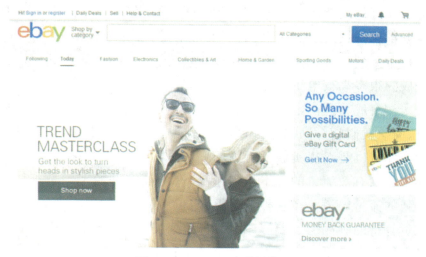

图 1-16 eBay2018 年美国首页

图 1-17 淘宝网 2018 年的首页

　　自成立以来,淘宝仅用 3 年时间就击败 eBay,改变了中国电子商务的格局。从 2003 年成立至今,淘宝搭建的电子商务生态圈成为中国第一大网络购物平台。一开始淘宝是阿里巴巴旗下 C2C 的一个交易平台(C2C 电子商务模式是一种个人对个人的网上交易行为)。2008 年 4 月 10 日,阿里巴巴成立淘宝商城,开始发展 B2C 业务(B2C 电子商务模式是一种企业对个人的网上交易行为),2012 年 1 月 11 日上午,淘宝商城正式宣布更名为"天猫"。天猫商城由知名品牌的直营旗舰店和授权专卖店组成,提供 100% 品质保证的商品,7 天无理由退货的售后服务,以及购物积分返现等优质服务。现在围绕淘宝电商,淘宝同学、海淘等各种业务都在持续发展和更新。10 多年里,淘宝完成了从一种产品、一种服务到一个生态与平台的进化,在淘宝上如何开店和推广已经成为很多高校电子商务专业的必修课。

淘宝成为国内电子商务业务最大的平台后,也因为刷单冲信誉、商家卖假货等问题一直存在争议,从某种意义上说,淘宝推出天猫商城也是对售卖假货行为的一种回应。对于商家来说,在淘宝上获取有效流量的成本越来越高,有的商家开始考虑是否要开辟新的流量渠道。在这种情况下,定位 3C 电商的京东商城、定位尾货打折的唯品会、定位正品团购的聚美优品、定位母婴商品的贝贝网等电商平台也获得了一定的生存空间。

2. 微信电商平台:微店

随着电子商务的飞速发展,在淘宝开办自己小店的成本越来越高,竞争越发激烈,盈利空间日益收窄;而由于 B2C 模式的天猫商城需要高门槛、高投入,垄断情形已经非常普遍。因而,普通人进入电子商务进行创业的机会越来越少。

狭义的微店是指在微信上开设移动电子商务点,具有开通成本低、只需利用碎片时间和个人社交圈就可进行营销推广的优势,是被很多人看好的新兴移动电子商务平台,如图 1-18、图 1-19 所示。

图 1-18 微店 APP

图 1-19　有赞 APP

　　移动电子商务呈现社交化口碑传播的趋势,基于微信朋友圈扩散的微店就适应了这个传播通道。每个消费者都可以通过移动设备订阅自己喜欢的品牌和商品信息,建立自己多个不同需求的购物清单,这些被消费者订阅的品牌,可以根据粉丝的订阅、点赞和购物清单,进行一对一的推荐,真正实现了一对一的精准营销。

　　微店的优势在于发动每个顾客,建立属于他们的购物社交,从根本上让零售企业与每个顾客建立起长期的亲密关系,微店的出现也必将重新定义实体零售行业在全渠道时代的意义。

　　那么,淘宝和微店有什么区别呢？ 如表 1-5 所示。

表 1-5　淘宝和微店的区别

项目	淘宝	微店
模式	一个传统中心化的电商模式	一种去中心化的商业模式
流量特点	依靠平台进行流量分发,无法进入微信传播	通过微博、微信、QQ、论坛等社交平台进行引流

项目	淘宝	微店
成本	淘宝开店前期需押金、店铺装修、店铺推广等成本	相对淘宝店前期无须自己投入，资金、装修成本较低
用户关系	弱关系	强关系
捆绑资源	微博	微信

（八）支付宝与财付通

1. 支付宝

伴随着互联网的不断发展，各大商业银行纷纷推出了网上银行业务。网上银行业务的推广和普及，使得支付网络电子化成为可能。

但是在网络环境下，买卖双方都担心钱货两空。如何保证支付的安全性，成为早期中国电子商务发展过程中亟待解决的问题。为此，淘宝网于 2004 年 12 月推出了支付宝业务。

支付宝（alipay）是淘宝网用来解决网络交易安全所设的一个功能，该功能在网络环境下为买卖双方提供第三方担保，以促成电子支付的实现，进而使交易顺利进行。首先，买家要将货款打到支付宝账户，由支付宝向卖家通知发货；买家确认收到商品后指令支付宝将货款支付给卖家，至此完成一笔网络交易。该模式的推出有效解决了支付过程中的信任危机，很好地兼顾了买卖双方的利益，在一定程度上保证了交易的安全性，使得电子商务支付能真正、持久地实现电子化。

支付宝钱包公布的数据显示，支付宝于 2015 年 4 月 22 日用户数突破 2.7 亿，在移动支付市场占据了 80% 以上的市场份额。目前，支付宝应用在我们生活的方方面面，如用户通过支付宝钱包可以直接在手机上完成交话费、买电影票、交通违章查询、生活缴费、医院挂号等事项，用户还可以在线下使用支付宝在各种门店进行消费,如图 1-20 所示。

图 1-20　支付宝页面

2. 财付通

现在人们几乎每天都在使用在线支付,除了支付宝,国内比较主流的两个在线支付工具是银联卡和财付通(Tenpay)。

除了从淘宝购物平台发展出来的支付宝,财付通是目前最受网民欢迎的在线支付平台。财付通是腾讯公司于 2005 年 9 月正式推出的专业在线支付平台,早期一直在腾讯的各种软件游戏上使用,后来微信推出后快速带动了财付通的市场应用,像我们用微信抢红包、滴滴打车、微信转账、QQ 转账用到的支付平台就是财付通。

财付通的核心业务和支付宝一样,即帮助在互联网上进行交易的双方完成支付和收款,致力于为互联网用户和企业提供安全、便捷、专业的在线支付服务。

在线支付市场上,财付通有着自己的独特优势,腾讯全部的付费采用了财付通,凭借腾讯产品强大的吸金能力(IM 和游戏),财付通在在线支付市场占有率也很大。

与支付宝相比,财付通覆盖了大部分腾讯产品的用户,而支付宝覆盖的用户面更广,甚至走出了国门,在全世界拥有更多的用户。

腾讯财付通一开始并不具备支付宝的天然优势,即淘宝网每天都会产生交易、会使用到支付宝。因此,财付通的市场占有率相对落后。但微信红包的出现全面引爆了开通微信支付的财付通用户的数量;滴滴打车的出现,使财付通开始形成了真实的线下高频支付场景,带动了越来越多的微信用户开通了微信支付;而微信服务号微信支付功能的出现,通过企业服务号微店激活了财付通的各种支付场景。

总体来说,在线支付改变了人们支付的习惯,带动了人们的消费,同时也给人们的生活带来了巨大的方便,我们甚至一天 24 小时都可以不带现金出门了。

(九)从装机工具到推广渠道

1. 计算机必备:装机工具

当人们买来一台新计算机或重新安装一个新系统时,打开计算机的第一步往往就是安装"杀毒软件",其主要用于对计算机漏洞的修复、垃圾的清理、病毒的查杀。除此之外,杀毒软件中人们使用最多的一个工具是"软件管家"——一个装机工具。

装机工具是指一个集软件下载、更新、卸载、优化于一体的工具。人们使用装机工具可既方便又快速地安装计算机中所必备的每一类软件,如聊天软件、播放软件、办公软件、游戏软件等。目前市场上比较流行的装机工具有 360 安全卫士中的 360 软件管家、腾讯计算机管家中的软件管理、金山卫士的软件管理、百卫士的软件管理,如图 1-21 所示。

图 1-21　360 安全卫士中的 360 软件管家

为什么这么多人喜欢用装机工具安装软件?因为装机软件上聚集了各种类别的软件,用户只需要在搜索框输入软件的名称就可以直接下载,而通过浏览器打开搜索引擎检索软件官网再下载的方式步骤比较烦琐,人们往往会选择较简单的方式。同时,装机工具中每个软件都有用户的评分,人们可在同一分类中根据评分选择喜欢的软件下载。不仅如此,装机工具还具有一键更新、一键卸载、一键优化等功能,用户只需轻松一点即可完成操作。

2. 装机工具是一种推广渠道

装机工具下载软件本身是免费的,因此它的使用率越来越高,慢慢成为人们计算机里的一个必备工具。以 360 安全卫士为例,目前 360 安全卫士是国内第一大 PC 安全软件,已有 10 年历史,用户数超过 5 亿,覆盖了超过 93.9% 的中国 PC 用户。

为了实现盈利,各种装机工具在不断迭代的过程中,形成了在工具平台内植入商业广告的模式。一开始装机工具只在页面上单独开辟了一块焦点图位置供企业投放广告,结合工具的特性,通过轮播的焦点图为软件引流提升下载量。后来装机工具逐步开设了推荐购买、推荐下载、推荐安装等专区。

装机工具本身具有用户数量大、用户忠诚度高、各领域品类齐全等特点,所以在装机工具投放广告的方式深受广告主的青睐。广告主可根据自己产品的特性,利用装机工具的大数据技术,通过焦点图或弹窗的形式有针对性地投放广告给自己的目标人群。

通常,看到的广告内容会和软件同时出现,这是一种现在比较主流的模式。有时推送的广告还会和热点结合,如奥运会来了,游戏竞技类软硬件的企业就会借此机会投广告"上位"。此时,装机工具不仅具有工具类的属性,而且还有媒体传播的特性。它既满足了人们下载、安装软件工具的需求,又满足了企业投放广告、传播产品的需求。无形中,装机工具变成了一种推广渠道。特别是 APP 类产品,如果没有装机工具的推荐,就很难做到爆款。

(十)大数据下的新媒体

1. 大数据与新媒体的关系

马云曾在淘宝十周年晚会的演讲中说,大家还没搞清 PC 时代的时候,移动互联网来了;还没搞清移动互联网的时候,大数据时代来了。大数据早已无声无息地融入我们生活的方方面面。

每个时代的媒介都因为技术的发展而呈现出不同的传播特点。新媒体就是一种建立在数字技术和网络技术上的"互动式数字化复合媒体",包括微博、微信、直播、电子杂志、移动数字电视等相对于报纸、杂志、广播、电视等传统意义上的媒体以外的新兴媒体。作为技术不断更新的产物,新媒体以其形式丰富、互动性强、渠道广泛、覆盖率高、精准到达、性价比高、推广方便等特点在现代传媒产业中占据越来越重要的位置,从而积累了大量用户和用户行为数据,这就成为做用户分析的大数据的基础。

"大数据"不只是一个概念,数据目前已变为十分重要的资源和资料。大数据已成为新媒体的核心资源——不仅是新闻报道的重要内容,也是媒体统计和分析受众心理、需求以及行为习惯等的重要依据。分析、解读数据,探索得出一种为受众和用户提供个性化服务的新媒体运营方式,将成为新媒体在大数据时代竞争的趋势。

大数据与新媒体之间是相辅相成的关系。新媒体的功能属性可对社会进行解读以及分析预判;而"大数据"能通过挖掘、分析和使用数据,得到全面的社会信息并对其产生深刻的了解。所以,未来新媒体将形成"数据为王"的观念。

2. 大数据给新媒体带来的新变化

(1)大数据下的新媒体传播中心更广阔。相对于传统的媒体传播来说,新媒体有去中心化的趋势,在大数据的背景下,这种趋势得以放大。正是因为大数据技术的支持,各种终端、平台才会层出不穷,使用户在意见的表达和信息的发布中开始占据一席之地,使得新媒体传播中心更广阔。

(2)大数据云计算推动新媒体的发展。云计算作为一种新兴的技术,以其十分强大的计算能力、近乎无限的存储能力以及低廉的成本,对提升、优化大数据,大信息的处理有着巨大的作用。

从新媒体的业务发展来看,它有这样一些需求或者是特点:新媒体的数据存储量庞大,数据信息处理量巨大,终端多样化,要求数据格式比较多样化,数据共享额外存储的需求非常大。这些特征正是云计算的特长,云计算在系统处理数据的投资成本和性能弹性扩展等方面具备优势。云计算能处理海量的数据,能更加方便地对业务系统进行升级、扩展等管理,而且还能够对数据冗余进行处理,能够按照需要进行资源的分配,协同管理应用平台等,可以为新媒体发展提供稳定而高效的保障,如图 1-22 所示。

图 1-22　云计算示意图

第二节　新媒体的特征

"媒体的形式规定着媒体的内容"①,不同的媒体在信息符号、编码译码、传输技术、接收终端等方面会有所差异。作为信息技术时代超越传统媒体形态的新媒体,具有一系列自身的媒介特征。

一、数字化

美国未来学家尼葛洛庞帝在《数字化生存》中指出:"信息技术的发展将变革人类的学习方式、工作方式、娱乐方式,一句话,人们的生存方式。"数字化(Digital)是指信息(计算机)领域的数字技术向人类生活的各个领域全面推进的过程,包括通信领域、传播领域内的传播技术手段以数字制式全面代替传统模拟制式的转变过程。新媒体领域在数字化时代的发展,具有以下几种趋势:一是各类传统媒体的数字化步伐加快——报刊书籍等印刷媒体,出现两个方面的变化:第一个方向是最终呈现形式数字化,如报纸的网络版和手机报。1995 年,互联网在我国向公众开放的第二年,《人民日报》即开通了网络版;2004 年 6 月,《中国妇女报》

---

① 马歇尔·麦克卢汉.理解媒介[M].北京:商务印书馆,2000.

(彩信版)试运行,当年 7 月 18 日正式运行,每天早上八点向订户发送新闻信息。第二个方向是制作全过程已经数字化;传统影视正在向数字影视发展,广播正进入数字音频广播新阶段;电视也正全面迈向数字高清晰度电视及数字压缩卫星直播电视。《中国报业年度发展报告(2005)》把"报业的数字化生存"作为一个重要的趋势提出,提出数字报业战略的重要性①。二是基于数字技术的新媒介新传播工具层出不穷,如手机报、网络电视、手机电视等。三是网络成为数字化的媒介基础,随着互联网的普及,其对于全球信息传播的作用和影响力已是首屈一指。也就是说,在数字化时代,数字传媒正成为传媒的主流,由新媒体崛起而引发的数字化的进程使传播格局和传媒自身发生重大变革。数字化沟通了以往泾渭分明的信息(计算机)业、电信业、大众传媒业三大领域。数字化传媒创造了新的产业,如数字出版、数字影视、移动媒体、自媒体等产业。

二、即时化

网络让传统报纸的"号外"概念发生了变化,人们可以在第一时间掌握重大新闻事件和新闻线索。以网络为基础媒介的新媒体的快速性远远超过了传统媒体,可以充分满足人们获得即时信息的需要。2003 年 3 月 20 日 10 点 39 分《中国日报》网站发布消息:"美英联军对伊拉克的战争在北京时间 2003 年 3 月 20 日上午 10 点 36 分全面打响,从美国战舰上发射的'战斧'巡航导弹已经飞向伊拉克。"《中国妇女报》(彩信版)成为中国内地第一份手机报。由于手机的贴身性,手机报编辑可以将新闻第一时间发送到用户的手机上,省去了报纸的印发环节。特别是遇到突发事件时,手机报可以像网站一样实现新闻的动态传播,用户不仅可以第一时间知道新闻的结果,而且可以时刻关注它的发展过程,使用户身临其境般地感触新闻事件。新媒体传播信息的快捷高效

---

① 杨树弘. 传统报刊媒体的困境与数字化生存路径[J]. 新闻导刊,2006(6).

由此可略见一斑。在中国共产党十七大报道中,手机媒体得到了充分的运用,同时也再次证明手机媒体的强大时效性。在此次报道中手机媒体联合传统媒体并综合运用短信、手机报、手机 WAP 上网等方式,于 2007 年 10 月 14 日在十七大新闻发布会结束当晚 6:00 就发出第一期《十七大手机报》。

三、个性化

作为新媒体的重要传播工具,网络和手机为每个人提供了一个仅属于自己的个人化的终端。以网络为媒介,首先人们可以选择任何自己感兴趣的主题和内容,获取相应的信息,还可以自主地决定获取信息的深浅度。其次,由于网络为人们提供了虚拟空间,人们以匿名的方式登录,可以就自己关心的话题"跟帖""评论",而新生的博客、播客和 RSS,则成为信息时代人们媒介生活的重要组成部分,更是可以成为人们彰显个性化的媒介。受众在这里实现了传者和受者的身份转换,或者"传受"身份同时具备。在新媒体时代,受众不仅可以实现接受信息个性化,更重要的是,受众通过新媒介可以轻松地实现自我表达的权利,他们把现实社会不能实现的价值在这里得以实现,传统媒体上不能说的话在这里可以得到传播,他们可以通过"自我"社区表达对某个人或者某个群体的肯定和否定。而就手机媒体来看,手机首先是作为个人的人际传播工具和娱乐工具而存在的,对于一个手机用户而言个性化服务和个人满意才是最主要的[①]。其次,手机媒体可以通过其增值业务技术,使用户的个性化能够更加明晰和准确量化,而手机用户定制项目区分不同群体,通过在不同增值服务上的话费计算区分,进行个性化的定位。再次,用户在体验手机媒体提供的手机服务的同时,可以参与信息的定制和点播。定制和点播服务使手机媒体的内容更加个性化,如各种资讯和信息。用户不再是简单地接收,而是根据需要从一些特定的节目内容模块进行自

---

① 李思屈.数字娱乐产业[M].成都:四川大学出版社,2006.

主的选择和收看。由此可见,新媒体已经突破了大众媒体以服务一定目标人群为主要任务的媒介特性,而更具个性化。

四、互动性

以 Web 2.0、3G 等为代表的新媒体技术,从根本上转变了受众的角色,受众不仅仅是信息的接收者,而且参与了信息的内容制作。这些转变将会导致受众可以享受直接参与、轮流主持、创造角色的媒体经验的新媒体形态的诞生[①]。受众正从被动接受者转变为主动选择者,甚至是内容制造者和主动传播者:

(1)Web2.0 网站的建立,使成千上万的用户可以自己创造内容,或自己上传数据原创内容,自己建立个人传播平台,这样网络媒体将同时也是一个内容生成器。比如一段时间流行的"芙蓉姐姐"和"天仙妹妹",网民可以自我炒作达到自我包装、自我宣传的目的,并能取得成功;而时尚火爆的播客网——土豆网,使人们拥有上传自行制作的视频,通过与网友之间的互动,赢得注意力,并在其中嵌入广告转化为经济收入的机会。一对多的传播方式变成多对多的传播方式,受众又是传播者,"广大的读者就是编辑记者"。点与点相连形成一张无形的网,就像一件无坚不摧的金钟罩,罩在"新媒体"的身上,使新媒体焕发着独特的魅力。

(2)3G 技术的来临,增加了移动通信网络的带宽,也使人们可以以手机为媒介,进行互动式的信息传播。人们可以通过短信等方式实现与手机报编辑的有效互动,每位用户可以实现新闻定制,手机报编辑可以以多媒体数据包形式发送给用户最需要看到的新闻。手机电视对视频内容的个性化点播下载,以及通过短信和 PDA 直接参与内容制作的方式,则是交互性的又一形式。

[①]　Sharon Springel. The New Media Paradigm[J]. Users as Creators of Content. Personal Technologies,1999(3).

五、多媒体

多媒体技术,即计算机交互式综合处理多媒体信息——文本、图形、图像和声音,使多种信息建立逻辑连接,集成为一个系统并具有交互性。简言之,多媒体技术就是具有集成性、实时性和交互性的计算机综合处理声文图信息的技术。新媒体大多运用多媒体技术,将所传播的内容集成多种媒体——包括文本、图片、动画、视频和声音组合成一个互动的数据包,用户通过选择和控制,同时接触到各种各样的媒体来源。新媒体的多媒体传播技术可以以超文本、超媒体的方式组织信息,集报纸、广播、电视三者特长和魅力于一身,引出的多种感觉,丰富了我们的想象力。例如手机报所发送的新闻,不是短信意义上的文字新闻,而是一个多媒体数据包。这个多媒体数据包包含了图片、文字、声音、动画等,可涵盖 4 开 8 版报纸的全部内容。这样,用户不仅可以去看、去听,而且还可以借助图片和动画等形式更深刻地去理解新闻。充分调动受众的视听器官,实现新闻的多维阅读。

六、跨时空

新媒体突破了传统的局限性,具有跨时空的特性。这主要表现在它的传播异步性和跨地域。新媒体改变了以往受众收听收看广播电视必须同步性的特点,而实现了异步性,即受众在任意选定的时间进行收听收看,如有兴趣有必要可以反复收听收看。例如数字电视和手机电视,受众都可以根据自己的需要进行下载、点播甚至存储。

新媒体改变了以往媒体信息受控严格的局面,使信息的传播流通更为自由,尤其是互联网通过其各种强大的功能消除了传统媒体跨地域传播的障碍,使传播的范围扩大至全球。新的网站不断地建立,新的链接不断添加到已有的信息之中,增加新的元素到目录之后甚至插入到所需要的任何地方是很容易的。[①] 网络使任何人在任何地点、任何时间都可以与其他任何人进行任何形态信息的沟通交流,成为推动全球化的强有力因素。新媒体的跨地域,延伸了信息的传播范围,从而构筑了新的"媒体空间",拓展了信息存储范围,大大提高了人们获取人类科学文化知识财富的能力。

七、纵深性

以互联网为代表的新媒体在内容的传播中,对传播内容的诠释可以横向展开,也可以纵向展开。传统媒体由于时段或者篇幅的限制,在信息传播过程中,要考虑媒体的特点,有选择地进行传播,并依赖于"人"的手动集纳,极大地增加了传播过程中的人力成本和资源的耗费。新媒体在传播过程中,根据传播内容的关键词进行信息集纳,可以根据标题的关键词,也可以根据内容的关键词进行展开,可以使受众更加全面地了解事情的全面经过,以及可能会带来的影响。

国内外大型的数据库便呈现出此特点。以中国知网(www. cnki. net)为例,用户在进行资料检索时,可以一目了然地了解当前文章的标题、刊载刊物、出版时间、被浏览的次数、被下载次数、被引用次数,还可以看到当前的内容引用了哪些文献,以及有哪些相似文献等相关信息。用户还可以根据这些文献的名称进行延伸检索,以及由延伸检索结果再寻找相应的研究成果。

新媒体的纵深性呈现,不仅提升了传播的深度,还可以提升有效传播比率,在此基础上把各个知识或者信息以节点的方式存储和联系在一起,提高用户的使用价值。

八、渗透性

随着新媒体技术的不断发展,媒体融入大众日常生活的渗透性不断加强,并日益成为大众化生活不可缺少的重要部分之一。

---

① Lev Manovich. Database as a Genre of New Media[J]. AI&Society,2000(14).

信息化技术工程的普及与推进,以及新媒体技术操作上的便捷性,使新媒体与大众的接触越来越亲密,并有效地渗透到大众生活的方方面面。

第三节 新媒体与自媒体

现如今,随着新媒体的不断发展,很多行业都会利用这个平台来展开营销之战。此外,也有很多商家会利用自媒体平台进行宣传推广。也许有人会问,在进行营销之时,到底是利用新媒体比较好还是利用自媒体比较好?作为企业或商家,首先就要对新媒体与自媒体进行一定的了解,这样才能选择更适合自己的方式。

一、什么是自媒体

自媒体可以说是一种个人媒体,是一种利用电子媒介向他人或特定的某个人传递信息的新媒体。自媒体一般都具有私人化、平民化的特点,因此,人人都可以成为自媒体人。

简单来说,自媒体就是人们用来发布自己所见所闻的主要渠道,包括微博、微信、贴吧、论坛等。企业或商家也可以利用这些渠道进行宣传推广,从而进行自媒体营销。

二、自媒体发展趋势

目前,随着新媒体的不断发展,自媒体主要呈现出 3 个发展趋势。下面对其进行分析,如表 1-6 所示。

表 1-6 自媒体的发展趋势

价值的飙升	随着自媒体价值的不断上升,很多企业都瞄准了这块"蛋糕"。尤其是风投行业。此外,它还可以利用多种方式实现变现
实现"网红"营销	很多企业纷纷开始利用"网红"来进行营销,比如淘宝模特、游戏竞技解说等。"网红＋电商"已成为社交营销的发展趋势
版权受到保护	近几年,很多行业内的产品版权开始受到法律保护。随着自媒体之间的竞争加固,相关版权也必将受到保护

三、新媒体与自媒体的区别

新媒体和自媒体的区别主要表现在以下两个方面：

（1）被动与主动。在移动互联网的推动下，自媒体实现了飞跃发展，成了主要的新媒体发展形势。

一般来说，对用户而言，新媒体的大部分传播信息还处在被动接受的位置。但是，自媒体却可以化被动为主动，实现对信息的个性化传播。

（2）自主选择。相比新媒体来说，自媒体拥有更多的话语权和自主选择权，它不仅可以对社交平台进行个性化的构建，还可以在传播信息的同时张扬个性。正是因为自媒体的这种自由性，其才能成为人们表现自我的平台。

第四节　移动新媒体与企业新媒体

一、移动新媒体

在这个互联网时代，各大行业都会选择利用互联网来进行发展。移动互联网的发展为新媒体的发展带来了机遇。

（一）移动新媒体的发展

随着移动互联网用户的不断增加，移动新媒体也进入了新的发展时期，走向了发展的新巅峰。它开启了"智能移动终端＋APP"的新模式。腾讯、网易、搜狐等各大移动新闻客户端进入了全面的深度整合时期，以打通微信、微博及视频平台的方式，打造全媒体的发展战略，进一步满足了受众的个性化需求。

（二）移动新媒体为传统媒体带来机遇

近年来，传统媒体因受到新媒体的冲击，发展形势并不是很好。但是，随着新媒体的不断发展，传统媒体也迎来了新的变革。

很多传统媒体,如报社、电视台等都开创了新媒体的方向,以受众为中心,实现传播内容的移动化、数字化和网络化。其实,传统媒体应与数字媒体携手前行,这样双方才能得到长足发展。那么,新媒体会为传统媒体带来哪些机遇呢?主要包括以下四点:

(1)减少企业的宣传成本。

(2)提高企业品牌知名度。

(3)协助企业抢占细分市场。

(4)从忠实客户中获得长远利益。

二、企业新媒体

俗话说,"磨刀不误砍柴工",企业在进行新媒体运营之前也要做好一系列的准备工作。只有这样,企业才能将新媒体运营得更好。

(一)企业新媒体营销团队的构成

企业要想进行新媒体的营销,首先要了解新媒体营销团队的构成。一般来说,企业在拓展新媒体业务时,都会成立相应的新媒体部门。虽然是以部门的形式呈现的,但是,更确切地说它是一个团队。虽然整个部门由为数不多的几个人组成,但是每个人的分工都特别明确。

(二)新媒体线上线下的配合流程

新媒体运营一般是通过线上线下的配合来完成的。线上运营者主要负责内容的制作、吸粉、互动、营销推广等内容。线下的工作人员则负责一些线下的推广活动,比如海报宣传、线下活动、商业合作等。很多企业都会利用新媒体平台来对产品或服务进行 O2O(Online To Offime,线上线下一体化)式的营销。例如,京东商城也会利用新媒体平台来进行营销推广,开辟新的营销渠道。图 1-23 所示为京东商城的微信公众平台界面。

图 1-23　京东商城的微信公众平台界面

　　就新媒体的配合流程来看,它主要体现出的特点是线上线下配合的密切性。但是,线上线下工作的优先级是根据具体情况来定的。线上的推广需要线下的一些地推才能实现。然而,有时候,在线下的营销推广之前,也需要利用新媒体平台预先发布信息,提前告知用户相关情况。

　　由于互联网快速传播的特点,所以活动在举办之前需先进行线上的预热。这有利于快速地扩大活动的宣传推广范围。

第二章　新媒体传播与营销

移动互联网的发展,不仅促进了报纸、电视等传统媒体的转型,也催生了一种新型的媒体形式——新媒体的出现。新媒体的迅速发展,促使各大行业的参与者采取新的营销手段来提升自身的影响力,因此本章主要研究新媒体传播与营销。

第一节　新媒体传播的工具

一、直播营销

2015 年开始,直播平台如雨后春笋般纷纷萌芽,"网红"被庞大的粉丝群体捧了出来,由此围绕直播逐渐形成了产业链,新媒体运营中借助直播工具进行传播也可以达到很好的效果。

(一)直播要点

直播作为吸引年轻用户群体的一种工具,只要把握这样几个点,它能创造的价值还是非常大的:

1. 产品匹配

很多人以为,直播吸引的主要是年轻群体。但事实上,直播的细分属性决定了他们拥有不同阶层的粉丝,有的吸引"00 后",有的吸引"90 后""80 后",明确自己的目标用户是什么样的人,将其与直播进行匹配,效果自然更好。

2. 内容创意

这是个"内容为王"的时代,作为新兴媒体平台的代表,直播自然也离不开内容的创意。通常比较火的"网红"，往往也是非常擅于做内容创新的人。有的网红是卖衣服的，但经常会用自己的微博发一些舞蹈视频，有搞笑的，也有酷酷的，这就属于有创意的内容输出，至少比那些只会在直播间卖衣服的人更容易吸引粉丝关注。

3. 坚持不懈

任何一个营销手段要形成效果都是一个累积和坚持的过程。那种做一次两次没有效果就放弃的品牌是一定没办法做起来的。直播效果再好，都需要至少两三个月不间断地坚持才能越来越好，如果没有这个勇气或者资金去坚持做一段时间，那最好不要开始。

4. 基本思路

在给客户做直播营销之前，我们都会确认基本思路，也就是希望通过直播达到的真实效果——是吸引微信公众平台的粉丝，还是增加真实用户？是帮助招募代理商，还是给后续的代理商挖掘工作提供必要素材？

之所以这样划分，是因为尽管都是直播，但目标不一样，需要做的事情是截然不同的。比如说要做微信粉丝的导流，那直播的侧重点一定是关注品牌的微信，围绕这个目标，就需要做一些活动配合，比如关注微信就可以参加抽奖，奖品的设计如果比较好，那这个活动对于主播的粉丝一定是很有效果的。而如果我们的目标是为后续代理商招募提供素材，那整个活动的设计就要往视觉效果上偏，一定要看着热热闹闹，无论是直播数据还是线下活动，参加人员都要多，环节紧凑反馈良好，这样才能成为一个漂亮的素材。

5. 平台选择

每个平台都有自己的细分属性，属性不同，直播平台的粉丝群体也是不一样的。从类别上来说,目前除卖货直播外,泛娱乐类的直播平台大体分为游戏直播、明星类直播和娱乐类直播。

游戏直播,吸引的粉丝群体以"80后""90后"中低收入人群为主。因为他们可能有工作,但是比较闲,比较闲的情况下又能赚到钱的人毕竟是少数。

明星类直播的粉丝以"00后""90后"为主。年龄层次偏低,收入偏低。像那种小孩子花了父母几十万存款打赏的事情毕竟也是少数。

而娱乐类直播就不一样了,粉丝以"80后"为主,而且收入层次中上,这些人一般事业小有所成,在现实生活中可能得到的认同不足以满足自己,所以当一个漂漂亮亮能歌善舞的小妹妹在直播间里一口一个大哥叫着时,几百几千的打赏不自觉地就花出去了。

明确了解了不同直播的粉丝属性,再根据自己的客户群体属性去选择直播平台,就能最大限度地保障粉丝的转化率。

(二)方案策划

从某种角度来说,直播营销就像是拍电影,主播就是演员。演出要呈现最好的效果,就必须有剧本来指挥演员的表演。直播要呈现最好的效果,一样得有脚本引导主播。

比如要推广一家餐厅,就必须要梳理整个直播的路线,不光要把这家餐厅最有特色的地方介绍出来,还需要时刻考虑粉丝的状态,在介绍的过程中不断穿插互动性话题和活动,让屏幕另一端的粉丝都能有身临其境的感觉,这样整体直播才有效果。

除了粉丝互动环节,围绕品牌可能还需要设计一些有知识性的内容,比如邀请主厨来给大家展示一下手艺,安排大堂经理给粉丝介绍菜品背后的文化和故事,这样整体直播元素才丰富,才能让粉丝看得过瘾。一次直播肯定是不够的,要设计不同的主题,围绕这个品牌打造3~6次甚至更多直播,逐渐形成影响力,这样直播的价值才能得到最大程度发挥。

1. 直播的时间段

方案的基础元素就是时间、地点、活动流程以及参与人员。这些要素根据不同的企业属性是完全不一样的。比如说，要做餐饮食品类的直播，最好的时间是什么时候呢？这是要分情况的，如果做的是正餐类的直播，肯定是在晚餐时间，而且是周末最好。因为这个时候餐厅里人往往是最多的，直播出来的视觉效果最好。但如果是宵夜卤味一类的产品，最好的直播时间就是晚上10:00～12:00。因为这个时候"夜猫子"们肚子往往又饿了，看到美食就会有抑制不住的冲动。直播的时间设计主要取决于两点，要么利于直接形成转化，要么就是可以呈现最好的人气效果。

2. 直播的差异化特色

直播的内容取决于要达到的目的。比如想要粉丝知道产品的差异化，那在直播的过程中就需要强化品牌独有的东西。对内容的设计取决于两个方面，一是我们要充分了解产品的生产过程和各个环节，二是我们要始终保持用户视角。因为在专业人士看来很多理所应当的事情，可能在用户看来就会觉得很有意思。

在为内衣品牌做直播时，就让主播去到产品检测实验室里，那里有一个房间摆放了几十台洗衣机。为什么一个实验室里要有这么多洗衣机呢？其实每台洗衣机里面的水质、水的流速都是不一样的，模仿的是全球各地的水质和流速，目的就是为了测试内衣在不同环境下的寿命。这在企业看来是很普通的事情，但在直播的过程中把这个环节做了放大，当主播向粉丝们介绍这间实验室时，大家都很好奇这些洗衣机的作用。在这个环节当中增加了竞猜互动，通过互动进一步调动粉丝热情，而且把粉丝们的胃口吊足了，主播再来公布答案，整个环节的互动非常充分。

3. 直播的流程

一般来说直播的流程设计有两种方式，一种是参观路线。比如一些品牌要把自己的生产制造环节呈现出来就可以按照生产环节的流程来设计路线,一条生产路线参观下来,在重要的地方多停留介绍一下,在次要环节一笔带过。

对于那种流程不是特别明显的情况,我们就可以根据粉丝可能关注的一些内容,大体按照重要和次要穿插的形式来设计流程。

4. 强化直播的特色

所谓特色,就是这次直播能够吸引眼球的地方。比如有人会让主播穿着比基尼去吃串串香,这也属于吸引眼球的元素,但这种元素不建议采用,因为中国的网络环境对于偏低俗、擦边情色的东西是管控较严的,况且营销也不是只有打色情擦边球才能赢得关注。

比如火锅品牌做的直播,就参考了真人秀的方式,把直播分成几次,每次侧重不同的主题。比如"美食天堂""火锅英雄"等,不同的主题侧重于不同的内容。像"美食天堂"侧重的是菜品、味道、餐饮文化,而"火锅英雄"则侧重的是互动小游戏和竞技,穿插了主播拼酒、蒙面尝菜等诸多元素。

其实这个板块没有太困难的事情,只要用心,就一定能做出粉丝喜欢的内容。

5. 嵌入活动环节

当我们把整体方案做好以后,就要根据方案的时间顺序设计和穿插互动环节。因为直播毕竟是向手机屏幕背后的粉丝传递信息的过程,这些粉丝可能跟你远隔千里,要调动他们的积极性,就要有合理的环节让其参与到现场活动中。

比如可以设计在线抽奖环节,或者互动问答环节,借助奖品来吸引对方参与其中。当然也可以靠主播本身的吸引力来做引导。互动环节的设计在整个活动中每隔 20～30min 穿插一个就可以了。差不多两个小时的直播里面可以穿插 4 个左右的互动环节,每次互动都是推广品牌和为品牌公众号导流的好机会,一定不要错过!

二、植入式营销

诺贝尔经济学奖得主赫伯特·西蒙说过:"信息非常明显要消耗的是信息接受者的注意力,过量的信息会导致消费者注意力的贫乏。"这与美国广告代理协会估计的一样:"在我们每天所消费的 300 个广告中,我们注意到的只有 80 个,我们能对之做出某种反应的只有 12 个……每年接受调查的 2 万名消费者中有 40% 的人竟回忆不起一个令人难忘的商业广告。"

现代消费者每天都置身于各种令人眼花缭乱的广告信息中,面对着成千上万的诱惑,信息的膨胀已经让消费者的注意力成为商家争夺的最为宝贵的资源之一,谁能抓住消费者的注意力,谁就能抢占市场先机。

所谓植入式营销也称植入式广告,是指将产品或品牌及其代表性的视觉符号甚至服务内容策略性融入电影、电视剧或电视节目各种内容之中,通过场景的再现,让观众在不知不觉中留下对产品及品牌的印象,继而达到营销产品的目的。它相当于隐性广告或是软广告,运用范围几乎涵盖了所有的媒介。

植入式营销起源于西方,最早在巴尔扎克的《人间喜剧》中出现,正式商业化运用是在 1929 年美国卡通片《大力水手》中。相信许多"70 后""80 后"都看过这部动画片,它是由一家专注生产菠菜罐头的企业赞助拍摄的,片中的大力水手的口头禅就是:"我很强壮,我爱吃菠菜,我是大力水手波比!"这句经典台词反复地出现,观众们因喜欢大力水手的卡通形象,从而激发了对菠菜罐头的购买欲,这家菠菜罐头企业的销量因此突飞猛涨。

植入式广告在国内的运用,是从中央电视台的《正大综艺》和情景喜剧《编辑部的故事》开始的,真正发展于 1999 年冯小刚的贺岁片《没完没了》,影片中出现了红牛、燕京啤酒、中国银行、海尔等品牌的身影,开创了我国电影植入式广告的先河。此后,从

《手机》到《天下无贼》，从《非诚勿扰》到《奋斗》，从《超级女声》到《中国好声音》，商业电影、电视剧、电视综艺节目掀起了植入式广告发展的高潮，使得这种新型的营销方式开始迅速流行。

植入式营销是一种隐性广告，相对于报纸、电视、平面媒体等传统的显性广告而言，无疑具有绝对的优势。一般来说，按照植入方式和受众接受的程度，植入式营销可分为六类：

（一）实物植入

顾名思义，就是将产品作为媒体节目中的道具。比如在《美丽俏佳人》栏目中，为嘉宾化妆时所用的护肤品；再如电影《变形金刚》中无处不在的雪佛兰汽车（见图 2-1）等。这种植入方式都是选择收视率较高的媒体节目，但看起来会略显生硬，有时会让观众明显地感觉到是在做广告，与传统媒体广告的区别仅仅在于是从节目外转移到节目内。

图 2-1　雪佛兰汽车

（二）整体植入

节目本身就是在介绍一个企业，比如电视剧《大宅门》和《大清药王》就是在讲述同仁堂的故事；《天下第一楼》（见图 2-2）就是在讲述全聚德烤鸭店的成长历程。通过一个完整的、曲折跌宕的故事情节,让观众在娱乐之中全面地了解产品或企业。这种植入方式很容易被观众接受,里面虽然没有企业的推销行为,但是故事人物和情节所展现出的企业文化和品牌内涵,却能深深地打动消费者。在电视剧《天下第一楼》播出后,全聚德烤鸭店人满为患,而《大宅门》的问世也让同仁堂在人们心中的知名度和美誉度大大提升。

图 2-2　《天下第一楼》

（三）风格植入

企业依据自身产品的风格特征以及目标消费者,选择一个同样风格的有潜力的或是已经发展成熟的媒体产品,与其开展合作,塑造企业或产品品牌或是改变自己的品牌定位。比如,百事可乐的定位就是年轻、活力,它选择冠名"百事音乐风云榜"(见图 2-3),两者的受众体基本一致,这一植入契合度相当高;再如老牌家电企业荣事达,选择冠名国内最大的娱乐资讯电视栏目《娱乐现场》,蜕变为"年轻、时尚、活力、高品质"的形象。

图 2-3 百事音乐风云榜

（四）文化植入

我们正从一个营销沟通的打扰时代进入到一个植入的时代,植入式营销主动、深入、灵活,广告的味道很淡,小到一杯咖啡、一件衣服、一只手表,大到一辆车、一处房产,只要在观众喜爱的影片中出现,给人留下美好的回味,广告效果往往会超过电影的范畴,成为产品最有力的宣传。这种通过最形象、最生动的方式切入普通人生活中的营销模式,俨然已经引发了一场流行的趋势,甚至改变了人们的某种消费观念。

（五）借助综艺节目植入

电视综艺节目,是指通过电视这一特定的传播媒介、社会人员广泛参与的,以审美性、娱乐性、消遣性和趣味性为突出特点的电视节目。

我国的电视综艺节目大致经历了 4 个阶段:第一阶段:晚会时期,以《综艺大观》为代表的表演类综艺节目;第二阶段:娱乐时期,以《快乐大本营》《玫瑰之约》为代表的游戏类和婚恋类综艺节目;第三阶段:竞猜时期,以《幸运 52》《开心辞典》《非常 6+1》为代表的益智博彩类综艺节目;第四阶段:真人秀时期,以《超级女声》《中国达人秀》《星光大道》《中国好声音》等为代表的真人秀综艺节目。

尽管节目的种类越来越丰富，呈现方式也越来越有吸引力，但综观这四个阶段的所有节目，它们依然存在着一个共同的特征，那就是寻求和发掘"娱乐性"。

企业要想获得可持续发展，不断扩大市场范围是必然的趋势。在选择广告植入平台时，不要局限于眼前，可延伸到那些既符合品牌的目标市场又在海外收视率较高的综艺节目中，扩大目标市场。

植入式广告的核心就是把产品或产品的相关信息作为植入物，策略性地与综艺节目融为一体，力求没有排异反应，使观众在接受传播内容的同时，无察觉地接收到产品或品牌信息，继而实现广告传播的目的。要达到这样的效果，必须进行精心的策划，充分利用综艺节目的现有资源，找到植入式广告的最佳切入点。

（六）借助图书植入广告

提起影视植入广告，许多人都很熟知，但对于图书植入广告，似乎还是一个新兴事物。事实上，如果追溯历史的话，图书植入广告才是植入式广告的"始祖"。

法国作家巴尔扎克的《人间喜剧》中，写到了一家裁缝店，这其实就是植入式广告。巴尔扎克有一个叫布依松的朋友，就是从事裁缝工作的，他曾经给巴尔扎克免费做了很多衣服。为了报答朋友，巴尔扎克就把布依松的名字、住址原原本本地写进了《人间喜剧》里。读者看了小说后，慕名而来，纷纷惠顾，布依松的裁缝店生意火爆。

《人间喜剧》系列书终止于1849年，可见在1849年之前，就已经有了图书植入广告的尝试，当然那还算不上什么商业行为，只是出于友情上的报答。真正的商业性的图书植入广告，当从1873年著名科幻作家凡尔纳《环游地球80天》开始，一家海运公司说服作者，让书中的主角乘坐该海运公司的轮船，借此给自己的产品做广告。

2007 年,世界著名珠宝生产商 Bulgari 与英国著名作家费·维尔顿签订了一份合约,邀请费·维尔顿写一部小说推广 Bulgari 的产品,试图以此作为对该珠宝的顶级顾客的回馈礼物,感谢他们的支持。Bulgari 果然写出来了,且这部小说出版后销量还不错。

同样在 2007 年,著名出版人路金波邀请了八名作家,包括韩寒、苍月等人,到喜马拉雅山区域旅游,结束后推出以广告主命名的短篇小说集《七喜》,而买断该书广告权的正是"七喜"的东家"百事可乐"。路金波把自己的公司、商家名字直接融入了文学作品中,可谓是商业介入图书内容运作的全新尝试。

2009 年 11 月出版的石康作品《奋斗乌托邦》(《奋斗》续篇),赢得了三个品牌商家的赞助费,共计 300 万元,除了插页广告和其他广告,最主要的就是植入式广告。小说中有这么一段描述:"夏琳穿轮滑鞋,背双肩包,两人全是一身儿 LOTTO 运动服,夏琳的是绿色的……"LOTTO 服装品牌在小说中,成了夏琳设计的对象以及其他人物的日常穿着,贯穿了小说的始终。

图书植入广告在中国图书业有着方兴未艾之势,对它的看法不一,但有一点是人人皆知的,现代的网络对于传统书业冲击很大,整个书业处于转型阶段,传统的图书出版如何寻求盈利突破点是每个出版人都在思考的问题。相对于图书电子销售盈利模式的不明朗,图书植入广告显著地受益,俨然为传统图书出版带来了新的延伸性盈利点。这一盈利点,不仅鼓舞了作者的创作,也振奋了出版者的信心。

第二节　新媒体传播的受众

传统媒体时代,受众是指信息的接收者。新媒体时代,受众是具有信息接收者和信息生产者双重身份的人,可以自我产生内容,并将其传送给他人。新媒体的发展是在互动技术、搜索技术等基础上实现的。因此新媒体对受众技术的使用、掌握以及文化素质水平提出了更高的要求，新媒体的受众人群主要集中在上班族和学生群体，其中上班族多为企业管理者、技术人员等中高收入者。通过研究发现，传统媒体的受众呈现老龄化趋势，新媒体人群的消费能力远高于传统媒体。

一、微商的受众

自媒体经营者因对于产品本身的知识或者通过其他途径的特有魅力成为自明星，被受众认可，这时候受众还没有真正地成为"粉丝"；传播者接下来就会为这些受众量身定做一系列的活动，微商最常见的活动如直播分享、微信群分享等，都可以提高自明星的地位，引导受众参加次要的活动；慢慢地一部分受众就会成为"粉丝"，继而分享自己对产品和自明星的见解，当然这些见解对自明星一般是肯定的，这就会用第三人称的方式强化了自明星，同时也形成相对完整的"粉丝"社群。这些相对稳定的社群一般是真正成为代理的人，也是微商常见的某某团队高级群等。类似这些社群，企业或者自明星这时候就会裂变和培养这些铁杆粉丝，作用是招募更多的"粉丝"或者代理。

作为社交经济模式下的微商，在为相关产品寻找目标客户的时候也应该按照这样的原则。尽管在新媒体社交时代，平台的多样性让人眼花缭乱，但是每个人的选择都有一定的习惯性，依据这种习惯和群体的共性，基本可以划分平台主要受众和分析受众的基本特点，再结合产品是否有符合受众的特点，来做这个平台相关的营销内容。

二、车船媒体的受众

车船媒体是跟着受众"跑"的媒体，影响区域广泛，受众数量庞大（2012年车船媒体受众总量达379亿人次），被认为是三大传统媒体、网络媒体、手机媒体之后的第六大媒体。

当前，北京、上海、广州的所有公交车渠道几乎已经被各车载媒体企业抢夺占领,而出租车和私家车正成为车载媒体未来发展的广阔空间。当前车载媒体拥有极大的覆盖面和影响力,而且具有极大的发展潜力。

车载媒体覆盖了经常出行上班、购物、休闲、商旅的中游和上游人群,这部分人群在社会上较为活跃,在社会中主动对广告信息进行二次传播。在上班途中看到的广告经常会成其相互间的谈资,更是加深了其对广告的理解与记忆,扩大了广告的传播范围。比如北广传媒车载电视关于商品折扣、优惠的广告信息经常会使上班一族相互讨论,形成二次传播和二次覆盖,增强了广告的传播效果。

车船媒体产业影响的主要人群为"中间地带"——中等年龄、中等学历、中等收入。尽管大多数城市居民都接触过车载电视,但不同人群关注的情况却有较大差异。从总体来看,关注车载电视的主流人群,其人口特征体现为中青年、较高学历、中等收入的中间消费人群。以北京的调查数据为例:20~49岁人群"非常关注"车载电视,比例明显高于总样本,其中40~49岁的人群关注的比例最高,达23.2%。大学专科及以上学历人群"非常关注"车载电视的比例较高,均超过25%。个人月收入为1001~3000元的人群相对于其他收入人群更多关注车载电视。

车载电视固定受众以中青年人为主,这部分移动人群年富力强,富有朝气、活力、创造力,思想观点开放,消费欲望强,是企业宣传的一块"金土地"。这类"居中"的受众人群,具有较强的收入水平和消费能力,他们追求生活的品位,他们勤劳却不像父辈节约,他们多追求高收入,他们认为既要会挣钱又要会消费;他们忙碌而又懂得享受生活,其中相当一部分也是"月光族",自然成为商家追逐的对象,获得大量广告主的青睐。车载媒体有效锁定经理人和白领受众,他们是社会财富的主要创造者,是社会最活跃的中坚消费阶层,是中高档、时尚商品的领先购买者和意见领袖。他们乐于为身边人群提供消费意见,往往能够引领时尚和潮流。对于广告主来说,抓住这一群体不仅仅意味着把握住了该受众人群本身的购买力和消费能力,还意味着可以获得更大的宣传和示范作用,扩大自身商品在整个社会的影响力。

三、星空媒体的受众

以民用飞机为依托的星空媒体,其受众为乘坐飞机的旅客。星空媒体的受众属于高收入、高学历、高消费的集合体,即通常所说的"三高人群"。这些"三高人群"包括企业领导、商务人士和白领阶层为主等高端消费人群,是具备高学历、高收入、高品位、高消费、高传播引导力的优势受众群体。星空媒体在传播上具有很强的针对性,有效地细分了受众,其受众与传统媒体相比有其自身独特特征。

与传统媒体受众的大众性和覆盖的广泛性相比,星空媒体受众细分,准确狙击高收入、高地位、高消费的人群,有效减少了传播浪费。

近年来,我国民航产业发展迅速,民航班次、航程、旅客人数都大幅上升,尤其是旅客人数的大幅攀升为星空媒体产业的发展提供了必要的前提条件。

当前星空媒体产业尚处于发展的初始阶段,整个产业更多的是面向乘坐头等舱和公务舱的高端精英受众,头等舱和公务舱创造的产值在星空媒体产业中也占有相当大的比重。目前我国星空媒体的开发还主要是针对头等舱和公务舱的高端消费人群,并且只有那些规模较大的航空公司在某些特殊型号的飞机上配置了较好的星空媒体业务,其普及率和传播面很有限,仍具有较大的发展空间。随着星空媒体产业的深层开发,未来星空媒体的受众数量将会不断增加,最终实现全体飞机乘客都能享受到星空媒体带来的高质量的媒体盛宴。

第三节　新媒体传播人员的素质与技能

企业或商家要进行新媒体运营的话,必然要选择一些适合这些岗位的人才。这就需要对新媒体人员的基本素质进行相应的了解。本节的主要内容就是对新媒体传播人员的基本素质与技能进行相应的介绍。

一、素质与技能

作为新媒体的从业人员,首先,要对新媒体本身有一定的了解。了解的层面包括它的含义、特点、类型等。

在了解新媒体行业的相关岗位之后,也要对每个岗位的具体要求做了解。这样才能更好地开展工作。图 2-4 所示为新媒体运营岗位的具体要求。

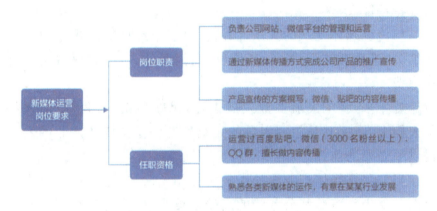

图 2-4　新媒体运营岗位的具体要求

（一）具备"网感"与灵感

简单来说,所谓的"网感"就是对网络的一种感觉。这种感觉主要是指新媒体从业人员对网络信息的敏感度。这种敏感度会给新媒体从业者带来一些灵感,使其对网络热点、网民的关注方向及网络的发展趋势具有很强的把控能力。微博风云榜上一般都会发布一些网民关注的热点。

（二）写作策划能力

在写作上,新媒体从业者一定要多写、多练,只有这样才能不断提高自己的写作能力,写出更好的软文,为公司的软文营销创造价值。

除了提高写作能力之外,新闻从业者还应该在实践中提高自己的策划能力。一份好的策划是企业进行活动推广的基础,因此,新媒体从业者在做活动策划时,一定要对活动目的、背景、具体方案做详细策划。

（三）具备良好的心态

新媒体从业者的基本素质就是具备良好的心态。"心态决定成败"这一观点在任何方面都适用。一个人的心态往往会相应地影响到他的行为,心态不好的话,不管是在工作中,还是在生活上,做事的出错率都会很高。新媒体从业者一定要受得了诱惑,抵得住压力,只有这样才能将自己的本职工作做好。

二、新媒体运营团队

新媒体运营是个非常综合的项目,融合了传统的企业品牌推广、媒体公关、活动执行等诸多环节。新媒体运营,这是落实到操作环节的岗位,也是新媒体运营部门的灵魂。部门负责人可以有资源、也可以为部门争取充分的自主权限,对于他的要求,就是能充分理解互联网用户触媒习惯,有丰富的活动策划和执行经验,以及拥有互联网信息的发布资源,便于整合性地将一些新闻、事件、活动通过系列渠道发布。部门负责人,新媒体运营负责人应该是整个团队构建的基础,他首先要非常了解公司运营的情况,尤其清晰行业特点和用户需求,同时,作为部门负责人,他手上应该把握一些优质资源,比如不同类型的产品资源,便于异业合作或活动支持。除此之外,部门负责人还要承担对抗公司压力的责任。

文案,是新媒体运营部门不可或缺的角色。对于文案的要求分为两个层面,首先是性格,在我看来,一个优秀的文案应该是个闷骚的人,宜静宜动,静可以写出沉稳情怀的文章,动则可以八卦风骚。不要觉得要求很高,这应该是一个合格的新媒体运营文案应有的功底。至少在我带出来的文案中,无论有没有工作经验,经过一段时间的磨砺都可以达到。如果真的实现不了,那只能是老板的原因——只有老板对于文章的管控达到令人发指的程度,才会严重抹杀一个年轻文案闷骚的心和文笔。

美编,很多人忽视了美编在新媒体运营中的重要性。因为目前大部分公众平台的文章都是以文字加网络图片构成的。但事实上在新媒体运营中,需要设计的地方不少,先说文案,活泼的文案搭配恰当的图片能大大提升文章的阅读趣味性,但是对于文编来说,要找到跟文章风格、内容相匹配的图片并不容易,这时候如果有一个出色的美编,就可以很好地解决这个问题。除了日常文章,很多活动的宣传需要海报、H5;或者互动吧等网页邀约素材,只靠文案显然不能解决这个问题,所以美编的价值在这里会大大凸显。当然,如果公司还有其他部门有设计需求,美编可以同时处理,所以这是个能为公司很多部门造福的岗位,薪水自然不低。

(一)运营

运营是一件需要足够授权的事,因为你希望公众平台能够吸粉,就要发用户足够爱看的文章,做他们喜欢的互动。而用户爱看和老板、领导爱看是两个概念。有人觉得我的企业品牌调性高,微信运营就要严肃高端。不好意思,粉丝不买账。粉丝不买账,你的东西就没人看,更谈不上转化率。对于运营来说,往往是要想附和老板的口味,就要以牺牲用户吸引力作为代价。

这对新媒体运营来说是个尴尬的局面,最终不管他怎样努力,也达不到理想的效果。对于老板来说,天底下没有想让马儿跑得快,又不给马儿吃草的事。既然你想依靠运营团队把线上的品牌宣传和营销渠道拓展开,就必须给他们足够的施展空间。

要给予运营足够的授权,作为老板,首先要明确一件事——大而全的品牌宣传时代已经过去了,你觉得洋洋洒洒写几百上千字关于品牌的理念、发展、大记事看着很爽,对粉丝来说就是垃圾,根本看都懒得去看。为什么?很简单,没用!就像我喜欢吃KFC,但并不意味着我要知道这家企业的诞生时间、发展历程以及历任 CEO 的名字,我只知道自己喜欢吃就好了。对于这种耳熟能详的世界级企业来说尚且如此,对于那些不知名的品牌,我实在想象不出消费者有什么理由要去关注这些无聊的事情。

运营毕竟是为了品牌服务的,如果不能把品牌价值渗透到消费者那里,运营又有何意义呢?所以,作为一个优秀的新媒体运营人员,需要有将两者权衡融合的本领。首先他要非常清楚,运营的工作不是大而全的品牌宣传,而是将企业的方方面面拆散,然后将每一个被拆散的细节融合到相适应的文章和活动里。用专业词汇来形容,就是品牌信息碎片化。

同样都是说企业的产品和服务好,按照传统的思维就是说企业有哪些证书,获得了哪些行业大奖,采用了什么样的技术等。但是用户不喜欢,这些信息没人看。如果按照运营人的思维,我们就会宣传用户的亲身体验,比如很多用户的评价,让用户说出他们对产品的亲身体会。这些体会可能是对品牌实力的信任,可能是对合作伙伴的信任,也可能就是对产品的直观感受……但站在用户的角度去说,一定比企业在那里"王婆卖瓜"来得有可信度。要做到这种程度,不仅需要运营人员出色的文案功底和深厚的营销逻辑,更重要的是需要全公司各个部门的通力配合。

比如说研发部门,就需要经常把运营人员叫上培训,主题就是公司的业务流程、竞争优势、最新研发的成果等。因为只有充分了解公司业务特点和流程,运营人员才能更透彻地理解品牌价值,便于将其碎片化。

市场部也是一个非常需要与运营协同作战的部门。因为一般来说,所有的市场营销计划、活动都是市场部在负责,所以这些内容都需要第一时间同运营部对接。尤其是最新的营销活动计划,至少提前一个月安排好交给运营,以便于运营围绕计划进行线上宣传、线上活动配合。

除此之外,售后部门也需要和运营有充分地对接,因为很多粉丝、用户会自然而然地把公众账号当作咨询和反馈问题的端口，如果涉及一些专业的问题，就需要转移给客服来回答。对于这些粉丝的提问，如果不能妥善处理，可能给公司带不来什么大麻烦，但如果能够及时处理，则很多粉丝会因此觉得这个公众账号是有温度的，重视自己的问题，可能因此成为我们的客户。所以，关注用户留言在运营中绝对是件非常有意义的事情。而这一定需要专业的客服人员做好相应配合。

（二）文案

文案是将运营思维落地呈现的桥梁，所有关于营销的理念、方案、活动，最终都要以文案的形式呈现出来。所以，一个合格的文案就是支撑起整个公众账号构架的核心人物。

作为合格的文案，当他分析出目标群体的画像时，心里应该会开始评估，这类人群喜欢什么样的文风。当时我给出的判断是这类人群应该喜欢文风知性、柔和的那种文章。要么是针对出国实用性很强的文章，要么就是教育分享，尤其是针对叛逆期孩子的教育文章，应该是比较受欢迎的。

一个新媒体文案最好能有一定的媒体从业经验。即便没有，也要有足够的新闻敏锐度。所谓新闻敏锐度，不是说天天找新闻那么简单，做新闻的有个职业习惯，就是要根据媒体属性把内容划分板块。比如你是做美食媒体的，每一期的内容可能就要划分为：美食地图、美食做法、有趣的食材、美食故事等。这么设计有几个好处，首先你可以让整个账号主题性更加明确，阅读感要不至于很散乱。更重要的是因为划分了板块，更容易帮助自己寻找合适的"素材库"。比如说美食地图这个板块，就可以从很多探店的文章当中去寻找素材，而美食做法，则可以通过大量食谱网站、书籍获得素材。其实划分了板块后，也是对素材进行一次系统归类，便于提升文案编辑的工作效率。

其次，一个优秀的文案要有的第二个基本功就是善于蹭热点。前面分享过杜蕾斯蹭热点的段位。那是需要长期积累和通过品牌方大量资源堆砌才能达到的水平。作为一般企业的合格运营人员来说，至少要能达到蹭热点功力的第一重和第二重段位。蹭热点的第一重段位是能借助最新的热门事件来做文章，比如你做的是汽车行业的账号，那么《变形金刚5》上映，就写一篇关于盘点那些《变5》里出现的酷炫车型。做服装的公众账号，发现某个明星参加了某个综艺节目很火，就把明星的服装拿来评论一番。

蹭热点的第二重段位，就是你做了这些工作以后，有人帮你去做扩散。比如之前做某个地域账号的时候，恰好遇到那段时间放暑假，很多驴友去那里旅游，我就让团队的小伙伴做一期关于当地景点的盘点，然后还送了很多景点票出去，这条文章不仅互动性超高，阅读量也创下这个公众账号有史以来的最高阅读量，转发数是之前的十几倍。这其实也是在蹭热点——蹭学生放暑假都出来旅游的热点。而蹭了热点以后有人帮你扩散，这就基本达到目的了。

至于蹭热点的第三重段位，就是把自己的"蹭热点"炒成热点。就像杜蕾斯那样，屡屡把文案做成了其他运营人的教学参考，这种水准可遇而不可求。既然不可求，那就不必强求。

而对于企业来说，如果要考验一个文案蹭热点的功力，也可以让他花点时间构思一下如何去蹭热点，热点自找，题目自拟。如果他能够找到热点并且跟公司运营的账号主题相契合，说明至少这个人是合格的，如果能达到第二重水准，就说明他对于粉丝心理的把握已经非常不错，是必须要招进来的人才。

但是，这里还需要特别强调的是，作为文案，我们在蹭热点的时候一定要注意粉丝的地域分布。我曾经做过这样一个测试，同样一篇关于电影的文章，发在一线城市的公众账号里，和发在三线城市的公众账号里，效果完全不一样。前者的总体粉丝量比后者还要少一些，但是这篇文章的阅读量却是后者的三倍以上，这说明不同地域的粉丝对于电影的关注度是不一样的。所以我们在蹭热点的时候，一定要多尝试，边尝试边思考，充分挖掘符合当地人阅读习惯的内容,这样才能做到更高的曝光率和互动性。

(三)美编

对于微信公众平台来说,传递信息的方式无非文字、图片、视频音频这样几种。其中文字和图片无疑是比重最大的,因为好的文字如果能够借助出色的图片传递出来,阅读效果是完全不一样的。之所以说运营部最好能够配备美编,是因为从工作内容来说,除活动海报之外,他至少还有如下几个板块的事情要做日常文章的配图,尤其是头题文章的封面,有设计感的封面和网上找的素材传递出来的阅读感受是完全不一样的。当你的文案内容原创度很高,可是却使用与内容匹配度不是特别好的网络图片素材时,品质感是会下降很多的。

其次,其他文章的封面虽然很小,但是作为一次完整的多图文推送,粉丝在接收到信息的时候,从大部分人阅读上的习惯来说,第一眼看到的恰恰就是右边的这些小封面,如果你要传递某种完整信息,通过有规律的图片也可以实现。当然,这个工作相对简单,但如果有美编,会完成得更好。

除了封面和文章配文之外,为了增强跟粉丝的互动性,我们可以不定期地放一些互动性的内容,比如一些 H5 小游戏,这些工作如果有美编来做,可以极大程度地提升公众账号的活跃度。

对于运营来说,美编更像是画龙点睛的岗位,一个优秀的美编能让一篇文章变得更具可读性,也能让一个活动更吸引人。但是,如何评定美编是否优秀,这是一个非常现实的问题。因为每个人做图的风格、经验、对运营的理解都不一样,所以选择什么样的人是非常重要的。

其实从运营维度来说,评价美编是否合格的标准并非绘图能力强弱。而是他绘制出来的图是否有营销思维。换句话说,他需要非常清楚自己的图是用在什么样的文章里、给什么年龄阶段的人看、要配合文字达到什么样的效果。

从运营维度来说,一个优秀的美编,能做出漂亮的图片是其次,更重要的还是他对于公众账号的理解,即充分了解粉丝诉求的基础,只要满足粉丝们的喜好,哪怕图片不是特别精美都可以。

除了理解力,评价运营美编的另一个重要标准就是效率。之前说了,对文案来说一个非常重要的能力就是抓热点。一个热点事件发生以后,如果我们能够及时抓住热点,快速搭配一篇文章出来,传播效果往往会比其他文章更好,这就是实效性带来的价值。既然讲求实效性,就不仅要求文案能够快速出内容,也要求美编可以快速配图。这时候如果磨磨蹭蹭,就会耽误文案发布的最好时机。

对于大部分品牌来说,如果建立自己公司的运营团队,要衡量美编是否合格,最简单的方法就是给他一篇热点文章,看他能否在 30 分钟内通过各种方式找到或做出最佳的配图就行了。

(四)外包团队

其实对于大部分初创企业来说,做微信运营是个尴尬的事。因为我们做运营的核心目的是凝聚粉丝形成转化,按照这种目标来做的话,就必须有充分的前期积累时间。比如我是一个新品牌,公众平台要从零开始,又没有现成渠道资源做倒流,那可能前期的精准粉丝积累就要靠活动、地推或者有针对性地打开某个渠道,从几个、几十个粉丝开始累积。对于一些快速成长或实力较强的企业来说,这笔开支其实很小,因为这类企业每年都要投入几百上千万元来做品牌推广,运营团队的费用在其中只是很小一部分。一年花四五十万元来做好运营的事情,对他们来说是非常划算的。

然而对于初创品牌来说,这笔钱就是一笔不小的成本了。所以大部分初创团队都会安排自己的员工来做运营,每个月 3000～5000 元的工资,似乎也能把内容做得看起来很不错,时不时搞个小活动,吸吸粉丝什么的。运营外包首先比较好的一点是运营经验比较丰富,有足够的人员配备,相比于自己管理团队会更轻松,性价比高。但相应地,代运营也会产生很多问题,比如对结果的评估标准不一致、运营当中的配合不紧密等。

第四节　新媒体的营销思维与策略

在移动互联网时代,新媒体的发展最重要的就是新媒体思维与策略的运用。要想实现新媒体的营销,就要创造出有价值的内容。只有这样,才能更好地运营媒体平台。

一、营销思维

(一)粉丝思维

粉丝思维主要体现在新媒体平台与粉丝之间的互动上。传统意义上的互动指的是一群人聚集在一起,通过脑力去解决某个问题,而移动互联网时代的互动却是指网络信息的双向互通。网络的特殊性改变了传统单向的信息流动方式,网络舆论的生成让企业可以看到用户内心的想法,每个人都是互动的主体,每个人都有属于自己的不同观点和意见。这些观点的交流和交融能够为新媒体运营带来全新的面貌。

活动是微信公众号运营的基本功之一,微信活动的价值在于这样几个方面:

(1)促进粉丝对公众号的关注。通常来说,我们做活动的时候,粉丝是更愿意关注公众号的。尤其是活动的奖品恰好是自己喜欢的东西时,他们的参与度会非常高。比如你做美食号,正好搞了一起水果团购,外面卖 30 元一斤的水果在这个活动里只需要 9.9 元,粉丝参与的积极性肯定很高,这就自然提升了粉丝对公众号的关注程度。

(2)增加粉丝对公众号的扩散力度。有些活动做好了是有扩散功能的,比如说砍价游戏,原价 198 元的产品,通过呼朋唤友可以帮你砍价砍到 1 元钱。如果其中我们设计需要 20 个人砍,那每一个中奖的人就会至少帮我们分享这个游戏 20 次,如果有 100 个人中奖,这就意味着他们能帮我们扩散到 2000 人那里。但这还没完,这 2000 人里面也会有一部分人对这个活动感兴趣,于是他们又会关注和分享,他们分享出去的人当中又有一群人会关注分享……如此反复,一个简单的活动能够传递的级数可能远远超过你的想象。我做过几个类似的活动,每一次的分享级数都超过了九级。

(3)实现粉丝到用户的转化。我们运营新媒体、运营公众号的终极目的就是为了把粉丝转化成用户。依靠日常文章的渗透达到转化可能需要花两三年的时间,但通过活动可能很快就会实现转化。像有些体验感非常强的产品就很容易达到这个效果。

(二)平台思维

平台思维其实是一种"打造精品内容"思维,即通过优质的、对用户有价值的内容吸引用户、留住用户。打造一个好的平台,除了要在内容上下工夫之外,还需要从排版、图片、文字等细节上入手,通过舒适的版面、高清的图片和有料的文字来吸引用户。

同时,平台内的资源运作也是平台思维的思想之一。什么是资源运作?资源运作就是当一个平台的粉丝量达到一定程度时,这些粉丝就可以成为一种资源,与平台成为利益共存体。这样的平台,不仅能够留住粉丝,还能实现平台和粉丝的利益最大化。对于公众平台来说,平台思维是相当重要的。

(三)营销思维

新媒体的营销思维很大程度上体现在内容的娱乐性上。移动互联网时代,消费者喜欢任何具备娱乐性质的事物,新媒体在运营的时候要抓住这个要点,打造一套创新的娱乐化新媒体营销策略。

娱乐化的新媒体营销方式也是传播的一种手段。它主要指企业在利用移动互联网进行新媒体营销的过程中,利用各种娱乐化元素,吸引消费者的目光,达到信息传播的目的。

新媒体从业者在营销过程中要充分发挥娱乐精神,用创意的思维为用户营造轻松的环境,打造具备娱乐精神的营销活动。

新媒体从业者还需要注意的是,在营销内容上不要以严肃的、乏味的说教形式进行内容营销,而要制造好玩的事件,让全民狂欢起来,只有这样才能得到关注。

(四)病毒式传播思维

病毒式传播是由受众自发产生的一种发散式、激荡式、扩散式的传播方式,新媒体从业者具有的病毒式传播思维其实就是一种"病毒"营销思维。这种思维方式有利于扩大辐射面、影响力,从而提高企业的知名度和美誉度。下面是一些病毒式传播的建议:

(1)长篇文章更容易被分享,转发量也更大,应多发表一些篇幅较长、质量较高的文章。

(2)愤怒是一种最容易进行病毒式传播的情绪,要想引起受众的愤怒只要多写一些可以激起受众愤怒情绪的内容即可。当然,这种愤怒并不是针对作者而是针对内容本身。

(3)充满感情的内容更容易实现病毒式传播,这不仅可以让受众产生共鸣以获得情感体验,对企业来说也是一种情感营销的方式。

二、综艺节目植入广告的运作策略

尽管综艺节目中的广告植入方式可选性很多,但在实际运作时依然存在不少问题,比如许多产品在荧幕上都以强调视觉或听觉等单个感官的广告形式出现,缺乏灵活的互动性,植入手法显得过于单一直白,宣传效果不强,甚至广告痕迹太过明显,致使观众反感。要解决这些问题,就需要把植入式广告和传统广告或其他传播方法结合起来,把品牌放在一个完整的传播链中,才能实现有效运作。这里有几方面的建议,可作为参考:

（一）不断寻求更新的、更合适的植入方式

广告永远强调新意，综艺节目的植入广告表现手法亦如是，在符合策略性、趣味性、原创性的基础上，要不断开拓新的植入方式。比如在《天天向上》栏目中，现场观众可与主持人、嘉宾一起做游戏，在互动过程中，植入标有企业品牌的游戏道具，即可增强关注度。这档节目的受众体多是年轻一族，喜欢追求时尚潮流，恰好主持人欧弟、俞灏明等也都是偶像明星，服装、鞋品的商家完全可借力明星给自己的品牌做代言。

（二）强化娱乐性，提高品牌与受众的互动

不管采用什么样的方式进行广告植入，如果受众体只是坐在台下观看，静态地接受信息，都无法实现良好的传播效果。要提高品牌的关注度，就必须得让观众与广告信息有所互动，促使受众体主动地去接受信息传播，实现广告价值最大化。

（三）适度配合硬广告，增强品牌成熟度

一般来说，知名度较高的成熟品牌，利用简单的植入方式作为节目的附属品，基本上就能实现强化品牌的效用。如果是新推出的或不具备广泛知名度的品牌，最好是显性广告和隐性广告相配合，显性广告提高产品知名度，隐性广告增强受众记忆力，以此增强品牌的成熟度。当然，在作为隐性广告植入时，也应当保持品牌与节目的情节相匹配，并与主持人或观众有较多的互动，充分展示品牌，提升观众对该品牌的认知度。

总之，植入广告的迅速崛起是营销业发展的必然，尽管它在具体的运作上还有许多方面有待完善，但相比传统广告来说优势显而易见。凭借先进的媒体平台，在综艺节目中正确有效地运用植入广告，做好更多的连续性和后续性传播，定能为企业带来无限商机。

1. 加多宝的运作策略

提起近两年来最为火爆的综艺节目,《中国好声音》绝对榜上有名。根据 CSM 的统计数据,《中国好声音》自播出以来,收视率基本都保持在 3% 以上,可谓是"不鸣则已,一鸣惊人"。《中国好声音》博得了观众的眼球,赢得一片喝彩时,在它背后还有一个大赢家,那就是加多宝。作为这档节目的广告赞助商,在好声音播出期间,加多宝(见图 2-5)的销量出现了大幅增长,一度掀起了营销界的热潮。

图 2-5　加多宝

《中国好声音》是由浙江卫视联合星空传媒旗下的灿星制作共同引进版权的一个大型的专业音乐评论节目,加多宝选择这档节目作为植入广告的载体,是看中了《中国好声音》的节目制作和营销平台。

从节目本身的制作上来说,《中国好声音》引自荷兰原版电视节目《The Voice》,基本遵循了原版、原有模式的操作,灯光、音效、流程等也是依照原版进行操作,这使得《中国好声音》成了一档高品质的综艺节目,从后续的收视率上也能看出这一点。选择这样一档广受欢迎的节目作为植入广告的载体,必然可以让品牌获得较高的曝光率和关注度。

在传播渠道上,《中国好声音》有独立的播放团队,可优选播放渠道,使得节目得到病毒式的传播扩散,《中国好声音》的播出团队与视频网站、门户网站、社交网站均建立了良好的合作关系,实际上这就等于为节目本身搭建了一个联盟平台,把广告植入在这样一档节目中,自然也可以借势实现最大、最远、最广的传播效果。

加多宝借助《中国好声音》节目进行了一次成功的广告植入,有效地提升了品牌销量,巩固了品牌形象。然而,这种成功绝不是偶然性的,而是有赖于加多宝高明又灵活的植入策略。现在,我们就细数一下加多宝广告植入成功的关键点:

(1)品牌与节目的高度融合。首先,加多宝的目标群体主要是20~40岁的年轻人,而喜欢《中国好声音》的观众大多也是此年龄段的人,两者的受众体高度一致。其次,加多宝的品牌宣扬的是中国凉茶深厚文化、民族正宗情怀、社会正能量,而《中国好声音》宣扬的文化是坚持、奋斗、争取,两者之间有契合点。再次,加多宝与《中国好声音》节目的口碑有重合之处,恰如那句响当当的口号“正宗好凉茶,正宗好声音”,我们要喝就喝最正宗的凉茶,我们要找就找最正宗的声音和人才,这样的重合形成了联想营销效应。最后,加多宝未在《中国好声音》投放广告时,就已是凉茶业的领军品牌。《中国好声音》在引入版权时,制作方也希望将这档栏目打造成“大牌”的综艺节目,所以在选择音乐导师时,也把目光投放在了音乐行业的领军人物上。两者都是大牌,强强联合,效果自然非同凡响。

(2)独揽植入,最大化占领广告资源。所谓独揽植入,就是指在一档电视节目中,广告植入的都是同一品牌或产品,杜绝第三类产品或厂商广告在节目中涌现,以便最大化地占领广告资源,吸引消费者的注意力。加多宝在《中国好声音》中就采用了这样的植入策略,节目的冠名权、节目中出现的产品标志、主持人喊出的口号,无疑全是加多宝。不过,为了揽下这一“独权”,加多宝也是投入了巨资。

(3)广告植入的巧妙合理且吸引人。在电视综艺节目中植入广告,一定要考虑到观众的感受,应当以少损害乃至不损害观众欣赏体验为条件，进行广告植入。否则的话，就会引起观众的反感，对节目和广告商都无益处。在这一点上，加多宝做得很出彩。

加多宝在《中国好声音》中的广告植入数目并不多，却令人印象深刻，甚至还颇具娱乐性。大家一定记得主持人华少那段精彩的开场白串词："正宗好凉茶，正宗好声音，欢迎收看由凉茶领导品牌加多宝为您冠名的加多宝凉茶中国好声音……"他以47s的时间说完350个广告词，不仅引发了公众挑战最快语速的兴趣，也使得观众深深记住了加多宝的名字。许多观众坦言，在这段信息含量极大的开场白中，多数品牌都被重点突出的"加多宝"淹没，只记得了"加多宝"。更有网友表示，"觉得节目的开头和结尾主持人的加多宝冠名广告播报是节目最大的亮点"。

一个植入广告能够达到这样的境界，让观众既觉得新鲜刺激，每期都看却又不反感，还能牢牢记住它的名字，俨然已经不能用"成功"来形容了，应该说是非常完美。

（4）全方位植入，外加整合营销。加多宝在《中国好声音》中的植入有多种形式，如冠名权、产品标志、主持人广告播报、节目录制现场的装点元素，都能体现出加多宝的标志或名称，令观众想不注意都难。

当然，节目中的广告植入只是加多宝营销策略中的一个分支，它以电视广告植入作为冲破口，同时在线下展开了运动营销、网络营销、社交营销等多种营销措施，实现了不同营销手段之间的配合，放大了植入广告营销的动机。

2013年，加多宝既冠名了第二季《中国好声音》，又与浙江卫视联合推出了"唱·饮加多宝，直通中国好声音"的活动（见图2-6），通过"网络报名＋现场推介会"的形式，为《中国好声音》导演组发掘更多好声音。活动分为三个阶段："征集唱饮好声音""选拔直通好声音""决战加多宝好声音"，辅之对应各个阶段的"我要新导师""热歌推荐""我要去现场"等辅助活动，历时总计6个月。此活动把电视节目海选延伸至网络媒体，给更多的喜欢音乐的人提供了一个感官体验的机会和实现心理认同的平台。

图 2-6　唱·饮加多宝,直通中国好声音

　　为了配合《中国好声音》,加多宝还特别推出了"好声音促销罐",一经上市就备受消费者追捧。促销装的拉环上有编码,可参与网上票选,赢得礼品。促销装的不断开奖为节目热度助势,节目的热播也促进了促销罐的销售,加多宝以娱乐为主线,实现了终端渠道和市场推广之间的完美契合。

　　传统媒体与网络媒体结合,线上和线下同时展开活动,加多宝与好声音在一起,确实产生了"1＋1＞2"的效果,实现了两个品牌的共赢。2012 年 7 月至 2013 年 6 月的滚动年度报告显示:加多宝罐装凉茶在此期间的市场份额高达 81.7％,占据了凉茶市场不可撼动的鳌头位置。

　　2. 立白走的"专业"路线

　　冠名第一季《我是歌手》时,立白集团花费了大手笔抢到了独家冠名权,事实证明,它没有押错宝。根据央视索福瑞数据调研,随着这档节目的热播,"立白洗衣液"的知名度提升了 13％,美誉度提升了 11％;AC 尼尔森数据显示,2013 年 1～7 月,立白洗衣液的销售额较上一年同期增长了 66％。在同质化竞争激烈的洗涤行业,能够做到突围而出,着实不容易。立白的娱乐化营销,特别是在《我是歌手》中的植入营销策略,确实是值得借鉴的又一大经典案例。

　　(1)平台够强大,节目够有影响力。在信息碎片化时代,消费者每天会接触到丰富庞杂的信息,可真正吸引眼球的却寥寥无几。想要把品牌定位和产品特性成功地传播给受众体,就必须不断地与各大媒体平台沟通,选择一档有差异性、创新性和影响力的节目作为营销平台。毫无疑问,《我是歌手》恰好满足了上述要求,可提供一个强大的平台和一个有影响力的爆点(见图2-7)。

图 2-7 《我是歌手》

(2)发掘品牌与节目的契合点。品牌与节目的重合处是营销成功的关键点,对于立白冠名《我是歌手》非议颇多,很多人实在想不明白,这个立白洗衣液跟《我是歌手》之间能产生什么联系?似乎很突兀,风格不搭,况且现在的年轻观众,谁会关注洗衣液呢?

立白集团的副总裁许晓东解释道:"《我是歌手》是专业人的比拼,强调的是专业性,而立白研发出洗护合一新技术,将立白洗衣液整体升级为洗护合一的产品,这是专业性的充分体现。所以我们的品牌是和节目高度吻合的。另一点,我们在选择与湖南台合作的时候就是看重略年轻的群体,我们也要培养一批新的群体。而且看了节目的赛制,选择不同年龄阶层的明星来参与,考虑到不同的年龄结构受众群体,要参与的 7 个艺人会面向不同受众,这也是我们关注的。这个跟我们的目标消费群体很符合。"

3. 结合节目内涵开展娱乐营销

立白洗衣液紧抓《我是歌手 2》的节目内涵,策划了一系列高互动率的情感营销活动。

　　节目之初，立白策划了"歌手合一体"，无形中让很多明星歌手为立白洗衣液"洗护合一"做了代言。

　　紧接着，立白又展开了强化情感沟通的网络公关策略，根据"洗护合一"的理念，发布了一系列"合一体"的宣传海报，对应节目中的 7 位唱将进行了生动的点评，如张杰的"气形合一"（见图 2-8），周笔畅的"千面合一"，邓紫棋的"萌御合一"（见图 2-9），引发粉丝的热烈追捧。

图 2-8　张杰的"气形合一"

图 2-9　邓紫棋的"萌御合一"

在"老歌新唱"的板块,立白则策划了"年代爱情歌曲"的热门话题,并在官方微博上发起了针对这一话题的讨论,爆出歌手采访花絮,顿时引发了一场病毒式营销,吸引了众多网友的参与。

三、网游中植入广告的形式与策略

从网络大数据可见,立白洗衣液《我是歌手》继续保持着高水平运行的趋势,《我是歌手2》在百度搜索风云榜上连续数日排名综艺搜索第一位,此档节目的第九期荣登新浪微博综艺话题榜第一。毫无疑问,立白洗衣液《我是歌手》着实是娱乐营销的成功典范。

网络游戏作为一个新的媒介,其影响力之大是有目共睹的。美国一家研究机构指出,因为消费者更主动地投入到游戏中,也就更有机会见到植入游戏中的广告,并通过游戏内容与之产生互动。这种方法,既能有效提升游戏体验,也能达到广告传播的效果。

就现有的网络游戏植入广告来说,在植入形式上主要有以下几种:

(一)产品植入

所谓产品植入式广告,就是把产品植入游戏场景中,然后进行充分的曝光,实现广告传播的目的。通常来说,这种植入形式是比较简单的,容易操作。国内的网络游戏运营商从2005年开始尝试植入广告,当时是天联世纪从韩国引进NIKE与《街头篮球》的广告内置合作模式,就是让游戏角色穿着NIKE的篮球鞋。后来的《QQ幻想》游戏中,也植入了娃哈哈营养快线的广告,使其成为补充生命值的道具,达到了有效的传播目的。

(二)场景植入

当前有许多网游的场景都是模拟现实而做的,并把现实中与场景相关的广告内容进行了复制还原,看起来非常逼真。例如,在《极品飞车10之卡本峡谷》中,既有产品植入,也有场景植入。游戏中的高速公路两侧的路牌广告和现实中几乎一样,均是一些国际品牌,而游戏中的汽车也是现实中各大汽车生产商的经典车型,如奔驰SLK、兰博基尼、奥迪TT、宝马Z5等跑车。

（三）高级道具植入

这种植入广告是比较精明的,广告主和玩家都要向游戏运营商付费。如上海天纵网络公司运营的《飙车》游戏中,就把一汽大众的"速腾"植入到了游戏中。在推出半个月后,虚拟"速腾"陆续售出了 11218 辆,这个数据和现实状况很是相似。这款游戏中,不仅仅有大众系列的汽车,还有米其林轮胎制造公司,玩家可驾车到标有米其林公司 Logo 的汽配店,游戏中还配置了刹车强度、安装位置、摩擦系数等参数设置,有许多专业的技术介绍,与现实生活十分贴合。

（四）视频或音乐植入

在音乐舞蹈类的游戏中,这种方式极为常见,如《劲舞团》《人人派对》等。

（五）其他方式植入

除了前面几种植入形式外,还有在游戏载入和推出时,利用等待时间植入广告。

尽管形式较多,但网络游戏植入广告并不能在品牌推广的每个阶段都发挥效用,对于新产品来说效果就不太明显,因为玩家专注于游戏本身的时候,对于不熟悉的事物很容易忽略,或者根本无法理解传递的信息。网游植入广告适用于那些知名度较高的、品牌相对成熟的产品。

第三章 社群传播

移动互联技术的发展,促进了人与人之间交流方式的改变,社群在新媒体时代有着重要的影响。本章便对社群的定位与分类、社群的打造方法进行介绍。

第一节 社群的定义与分类

一、社群的定义

随着社会的不断发展与进步,社群的概念慢慢被人们重视,从而形成了一种比较受欢迎的营销手段。社群的概念是从原始社会→封建社会→近代中国→现代社会→虚拟化社区→引导用户消费的社群这 6 个时代特征演变而来的。

社区是若干社会群体或社会组织聚集在某一个领域里所形成的一个生活上相互关联的大集体,是社会有机体最基本的内容,是宏观社会的缩影。

随着互联网的兴起,虚拟化社区的概念随之产生。虚拟化社区又称为网络社区,它兴起于 1993 年,由一位社会学家提出"虚拟社区"的概念。"虚拟社区"就是将社区向网络化、信息化、智能化发展。

虚拟化社区与所在地的信息平台在电子商务领域进行合作,就成为了如今社群的雏形,社区进一步发展便形成了社群。

社群是基于"虚拟社区"发展而来的,志同道合的人聚集在一起,一起围绕一件事情进行交流、评论、发表意见,也可以做一个"生产者",社群成员的创意、想法都非常有可能成为企业生产产品、改善自身服务等的一大因素。

如今对社群的定义,可以从 4 个方面来进行诠释,如下所示:

（1）基于互联网平台（PC 端、移动端）。

（2）跨境电商"福利社"。

（3）企业为特定人群提供服务和产品。

（4）激发成员参与度、传播力、创造力。

二、社群的特征

社群的出现是随着社会的不断发展而衍变成的，是人们在生活中所需要的产物，因此，企业纷纷将营销手段指向了社群。企业在选择营销手段之前，必须要了解营销手段的一些主要特征，从而根据其特征来制定营销计划，减少一些不必要的运营错误。下面就来了解社群的主要特征。

（一）虚拟性

社群存在于虚拟互联网中，这就代表着社群人员的身份以及位置都是虚拟的。没有实际意义上的地理位置，因此不受空间约束，并且社群成员在刚开始融入社群时，都会以匿名的方式存在于社群中，有些社群成员可能并不知道与自己交流、互动的人的真实身份。

一般来说，社群的虚拟性能给社群成员带来安全感，能让社群成员愿意放下心中的戒备进行真诚交友、发表自己的意见，更能让企业在社群中获得有价值的内容以及好的营销效果。

（二）平等性

在社群中，人人皆可成为领导，只要能获得社群成员的认可，就可做主，社群就是一个平等的互相交流的群体。

（三）基于兴趣

社群通常是来自各地的不同成员自发组织形成的，不同的人来构建一个互相交流的社群，需要有"催化剂"的催化作用，在构建社群的"催化剂"中，兴趣是最好和最有效的催化剂，大多数社群的建立都是基于兴趣而产生的。

（四）社群"中心点"

在社群还没有出现的时候，企业也会应用 QQ 群、微信群，将人们聚集在一起，不断地在群里面发布企业产品广告，其效果非常不好。

直到社群的出现，企业懂得以社群成员为"中心"，让社群成员成为社群的主导者，而不是企业。从 3 个方面可以看出社群的"中心"，如表 3-1 所示。

表 3-1　社群成员成为社群"中心"的条件

内容	社群需要社群成员生产有价值的话题内容
生产	社群成员可以成为企业产品的生产者
特点	社群具有开放、自治的特点

三、社群的分类

社群是人们基于不同的动机、需求，自主创建或自发形成的共同体，不同的社群有不同的规则与定位。

如果企业想利用社群进行营销活动，就必须要了解社群的分类，然后根据各类社群的特点进行选择，一定要选择一种和自己产品性质相符合的企业所精通的类别。

在社群还没有完全兴起的一段时间内，人们可能只能在传统社会学家的诉说中了解社群的分类，在一部分传统社会学家的眼里，他们会将社群分为 3 个部分，如表 3-2 所示。

表 3-2　传统社会学家对社群的分类

地理	从本地的近郊、村庄到郊区、城镇、城市等
文化	从本地的亚文化、人种、宗教、民族文化到社群，他们拥有独特的文化信仰，一个社群拥有社群成员都认可的价值观和符号标志
关系网	从常见的家庭、亲属关系到公司组织、职业机构等

如今,社群已经掀起营销风暴,社群的类型也包罗万象,下面就来了解社群的主要类型。

（一）兴趣类社群

兴趣类社群,是基于人们共同兴趣聚合在一起而形成的社群,社群成员几乎都是志趣相投的"小伙伴",这类社群会比较热闹,社群成员可以在社群里谈笑风生,能在这里认识不少的朋友。

例如,最近的 QQ 兴趣部落就是一个非常典型的兴趣类社群,QQ 兴趣部落是腾讯全新打造的社群产品,它瞄准了"90 后"和"00 后","寻找同类"的诉求。

于是,在"90 后""00 后"等部落中,动辄有数以百万乃至千万的用户关注量和话题数,如图 3-1 所示。

图 3-1 QQ 兴趣部落

（二）产品类社群

所谓的产品类社群，是指用一个产品来维系社群成员，是一种让产品不再单一的承载工具，它还是承载趣味与情感的桥梁，可以将产品与营销、粉丝、管理结合。

简单来说，产品类社群是一种因产品而聚合在一起形成的社群，而企业可以利用社群的影响力和传播力，来激发社群成员的参与度和活跃度，最终形成销售，为企业带来利润。

例如，小米科技以产品"MIUI（手机系统名称）"，来聚集初创时精心挑选的 100 位超级用户，参与"MIUI"的设计、研发、反馈等。接着小米科技借助这 100 人的口碑传播，将"MIUl"迅速推广出去。

这 100 人就是产品类社群的第一批用户，也正因为这些用户具有强大的参与度，所以与企业保持着一种平行的关系，形成朋友之间的连接。小米科技也在有最新版本产品时，会第一时间告诉这群人，同时，当发现手机出现了问题，这个社群成员也会尽力去帮助小米科技，不会离开。

由此可见，产品类社群只要运营得好，就能获得一批忠实的拥护者。

（三）学习类社群

所谓学习类社群，是由一群热爱学习的人聚集在一起形成的，是一种自发式的学习组织，所有组织工作由群主完成，社群内的活动内容一般以学习为主题。

例如，由 150 位中欧创业营的同学和一名中国知名企业家共同发起的一个学习社团"颠覆式创新研习社"就是典型的学习类社群。

颠覆式创新研习社是针对互联网思维的学习组织，该群聚集了一群有着相同学习目标、相同学习爱好，或是想改变自己的人群,以学习为纽带聚集一群人,从而形成一个学习社群。

（四）知识类社群

知识类社群,是一种社群成员相互分享知识和经验的社群,虽然它也是以学习为主,但还是与学习类社群有所差别。

（1）知识类社群里的成员可自行决定是否参与社群活动,并且可以自己分享经验和知识,群员之间互相教导和学习,并从中得到相互的肯定和尊重。

（2）学习类社群是通过群主来组织活动的,即通过"知识领导者"来学习知识、交流经验。

例如,果壳网是一个开放、多元的科技兴趣社区,吸引了百万名有意思、爱知识、乐于分享的年轻人聚集在这里,用知识创造价值,为生活添加"智趣",随着互联网的发展,果壳网已经成了一种比较大型的知识社群。

（五）品牌类社群

品牌类社群是建立在使用某一品牌的消费者间的一整套社会关系基础上的、专门化的、非地理意义上的社群,是由消费者或拥有者自发发起,形成对品牌的一种拥护以及习惯,是产品社群的一种延伸。

在品牌社群内,消费者基于对某一品牌的特殊感情,从而使得这种品牌所宣扬的价值理念与消费者自身所拥有的价值观相契合,从而产生心理上的共鸣。

（六）自媒体类社群

所谓自媒体类社群,就是人们基于自媒体平台对私人化、平民化、普泛化、自主化传播者的信赖、喜爱而聚集在一起的社群。一般来说,常见的自媒体平台有 4 种,分别是论坛、贴吧、微博、微信。

第二节　社群的打造方法

一、一般社群的打造方法

(一)与种子用户进行连接

在社群打造中,群主应该做到的第一点,便是有效提升自己连接种子用户的能力。所谓种子用户,就是指影响力高、活跃度高的初始用户,他们往往对于社群的内容具有较高的支持度和好感,容易产生较大的传播推广效应。正因为如此,种子用户的质量可以在很大程度上决定社群的特质和发展方向,可谓是社群的基因来源。而优质的群基因又有利于良好的群文化氛围的形成,对于社群运营来说十分关键。

然而有些群主只是单纯追求群成员的数量,认为庞大的用户群才是社群运营的重点,因此花费大量精力拉人。但是这种方法却无法产生预期效果,因为如此形成的社群缺乏群基因,更无法营造出良好的文化氛围,所以终归要落入失败的境地。

总之,群主要在群运营的初期做好种子用户的连接工作,在这个过程中既要保证用户的高质量特质,又要使用户与群调性相合。然后在种子用户群中展开具有针对性的分享、优惠等活动,以此取得种子用户的支持和好感,使他们主动展开宣传,从而扩大整个群的影响力。

(二)对群规则进行建立

建立群规则对于社群来说十分关键,一套科学、合理的规则就是群中的"宪法",可以有效规范每一个群成员的日常行为。因此,无论是免费群还是收费群,都需要拥有一套属于自己的群规,而且规矩越严,群本身的质量就会越好。

例如,收费群的质量往往会比免费群好,这在很大程度上就是由于"收费"这条群规所致,因为交付一定费用才能入群,所以群成员会更加珍惜在群内分享和学习的机会,也更容易服从群主的管理。此外,有些群还会为每一个群成员留作业(每周分享心得体会等),这样做除了能够促成良好的交流氛围,还可以加深群成员对社群的认同感,可谓一举两得。

(三)对核心团队进行组建

对于好的社群运营来说,除了连接用户和建立规则外,还需要营造一个足够专业的核心团队。这个团队很像是公司初创时的联合创始人,团队成员要做到分工明确,各展所长,从而形成一股强大的合力,将整个社群运营好。一般来说,核心团队需要以下几种角色:

1. 培养者

负责在团队内部分享经验和知识,提高团队成员的个人能力和集体协作能力。此外,还负责制定培训课程和交流活动,促进整个团队的日常交流。

2. 执行者

对于社群的主要产品和内容具有深刻认识,并对社群运营状况做到相当了解,可以完成上级下达的日常运营任务。

3. 资源挖掘者

主要负责寻找内容所需素材,为内容打造者提供参考,并主动挖掘、拓展内容发布渠道,使内容取得更好的传播推广效果。

4. 创新者

针对原有的社群运营方法和步骤,进行符合实际的微创新,制定相关的创新条例,以此提高任务完成效率。

二、企业社群营销的打造方法

企业只要有足够的闪光点、吸引力、人格魅力甚至是噱头,就可能迅速聚集一群追随者,如果企业能够去经营这些社群,那么将可能在一个竞争激烈的新的商业世界找到新品牌存在的机会。

(一)掌握新时代的社群营销趋势

1.充分发挥粉丝效应

对于社群来说,粉丝是一种情感纽带,粉丝的消费行为是基于对品牌的感情基础,最为典型的就是"苹果手机粉",只要苹果公司一推出新产品,他们就会疯抢,甚至在售卖点外驻扎,只为抢到自己喜欢的品牌的产品,这就是粉丝效应,社群基于粉丝才能运营起来。

因此,品牌要么将粉丝变成消费者,要么就要把消费者变成粉丝。就如罗永浩的锤子手机一样,即使锤子手机的定价超过了3000元,但是,有着同样情怀和审美的粉丝群体也会认同这个价值,不会觉得3000元的锤子手机不值这个价格,这就是罗粉情怀,这就是粉丝的价值。

当然,罗永浩在这方面做得还远远不够,在未来他还需要多加努力,将小众罗粉变成可裂变的大众罗粉,要想办法把锤子手机的社群扩大,从用户身上了解他们的需求,并将其体现在手机产品上。

又如,"罗辑思维"运营初期,就是依靠粉丝对罗振宇的信任和喜爱而累积知名度,最终吸引粉丝支付会员费,而后面的卖书、卖大米等产品都是基于与粉丝们互动,才能一一被卖出去。

试想一下,若苹果公司没有那么多的粉丝,那么乔布斯也不会成为富翁了;若罗永浩没有他的罗粉,那么留给锤子手机的估计只有看客了;若罗振宇没有粉丝,那么就不会有10万会员了。

所以从"苹果产品→罗永浩产品→罗振宇的罗辑思维"来看,

不难发现一种抛去产品而去定义用户的新商业规则,这也是社群时代必须要掌握的规则之一。

2. 用户的创造就是企业的制造

在工业时代,企业强调的是"制造",是以企业为中心的商业模式。而在互联网时代,消费者希望更多地参与"制造"。因此,如今进入一个"用户的创造=企业制造"的产品时代。

社群时代的特征是企业让用户来参与、提供对产品的需求,或者是邀请用户参与到解决消费需求的工作中。这就需要企业为消费者设立"意见社群"和"创新社群",并懂得将这些社群的消费者内容运用到创新中。

"意见社群"和"创新社群"平台,可以说是消费者痛点的发掘之地。通过这两个社群的言论,企业可以从中吸收精华,放到产品的制造中。

例如,大众建立了"大众自造"平台,它是由大众汽车品牌面向中国公众而打造的一个 Web 2.0 大型网络互动社群。公众可以在网络上实现汽车设计的灵感激发、知识分享、虚拟现实造车、互动交流、创意主题竞赛、投票评选等多种沟通需求。

这是大众汽车以社群的方式,提供人与人之间、用户与企业之间、消费者与产品之间的交流平台,以汽车为出发点,聚集人群进行沟通,给予企业一个更为生动、直接的创新渠道。

3. 众筹等于角色转换

"众筹"是指向群众募资,以支持发起的个人或组织的行为。群众募资被用来支持各种活动,包括灾害重建、竞选活动、创业募资、艺术创作、设计发明等。

在信息传播迅捷的互联网时代,相信大家对众筹的概念并不陌生。众筹一般由发起人、平台、投资人 3 个因素构成。

社群众筹具有低门槛、多样性、依靠大众力量、注重创意等特征,但它并不是一种单纯的投资行为,而是一种有资金、认知能力强、时间盈余的精英社群成员彼此分工协作,互相提升价值的项目实操的过程。

社群众筹的核心在于社群成员对一个项目的贡献度、智慧、精力等志愿者精神,这能让项目维系下去,而最终的盈利点也是多元化的,除实实在在的金钱收益之外,社群成员之间彼此的价值互换和人际关系、资源、经验等隐性提升也是关键。

社群众筹还有一个核心思想:通过互联网,可以把原本分散的消费者、投资人挖掘、聚拢起来,为那些创意、创新、个性化的产品找到了一个全新的生态圈,从而充分发挥出社群的价值。

4. 社群营销与情景的融合

如今,互联网已经深入人们的生活,不少企业看中了互联网这块大"肥肉",纷纷都向互联网进军,因此互联网上有很多类似的产品,使消费者需要精挑细选,才能决定购买产品。

对于消费者来说,选择的机会多了,往往都会选择那些口碑好、能触发他们情感的产品,所以企业就要抓住消费者的消费习惯,可以往情景发展,触发消费者的情感需要,使他们购买产品。

简单来说,情景营销就是抓住消费者在日常生活中的某个"相似的瞬间"来做推广,这样更容易使消费者接受相似的宣传,而不会受到其年龄、性别、收入等因素的影响,从而达到促进消费的营销。

例如,唯品会宣布从 2014 年起的每个周末,都会与《我是歌手2》同步推出一档网络购物活动"我是买手",带给用户边听《我是歌手》七大明星歌手最强音过招,边抢"我是买手"每期七大明星品牌以 0.7 折起售的连贯娱乐体验,并邀请人气明星担任活动大使,触发粉丝情感,从而使粉丝去参与"我是买手"的抢购。唯品会的案例,就是情景营销的典型代表。

当社群营销与情景相融时,已经没有了"广告"的存在,而是让社群成员觉得产品的存在是为了解决自己的需求,社群里推送的消息是为了解决自己的问题,是便利生活的需要。

所以,在社群营销＋情景的融合下,一定是精选的产品、有创意的产品、能触发消费者情感的产品,其商业本质是为解决用户的各种情景需求、触发社群成员情感的目的而产生的。

对于社群营销来说,触发社群成员的情感需求,能实现物品与人之间的快速连接,进而促使整个购买行为的形成。

也可以这么认为:"一个情景就是一个产品,一个产品就是一个社群",在情景时代,运营产品就是运营社群。

而在社群时代,情景就是触发社群成员情感的阀门,不管重点运用哪种营销方式,社群与情景都是不可分割的一体,将社群＋情景糅合在一起,定能触发社群用户的情感,并保证精准性。

社群＋情景模式的运营,必须要抓住以下 3 点,如表 3-3 所示。

表 3-3　社群＋情景模式的运营要点

媒体性	企业持续产生的好内容会让用户产生黏性;在同质化的产品中,内容与风格是打造社群情景的首要因素
社交性	分清群体与层次,才能更好地明确彼此的关系,只有构建一个社群生态,才能构建一个适合社群成员的情景模式
产品性	情景即产品,此产品是指让社群落地的实物或移动互联网产品,让社群的媒体性、社交性得到更好的体现和承载,有这样承载的社群能做得更加扎实

总之,现实生活已经被细分为各种情景,情景的兴起是社群营销的趋势之一。各种垂直生活类 APP 的大量出现也是这一趋势的体现。

情景即产品、产品即社群,这无疑证实了社群＋情景＝触发的营销趋势。

(二)对不确定因素进行把握

对于企业建立社群来说,到底该怎样才能掌握不确定因素,进行成功的社群营销呢? 只有掌握了三大关键要点,企业才能很好地突破"粉丝经济",走向"社群经济"。

1. 产品或体验极致＋传播内容用心

如今对于不少企业来说,是一个"社交红利时代"。在这个时代里,只要有谁懂得社交、懂得传播,就能够掌握商业的先机。

然而商业营销光是抢占先机还是不够的,那些在社群营销中尝过甜头的企业,如果没有将产品或体验做到极致,那么他们所有的商业营销,只是在互联网中进行一次容易被淡忘的炒作而已。

例如,"星巴克"如若不是把它的咖啡做到极致,也不会产生那么庞大的粉丝经济效应;MyBMWClub 如若不是把它的服务做到极致,也不可能有 20 万级别社群的影响力。

由此可知,企业产品或体验做到极致在社群营销中是非常重要的。鉴于前车之鉴,企业应该以社群思维为核心,为自己的社群成员提供极致的产品或体验。

当然,单单只是将产品或体验做到极致是不够的,企业还得学会传播和推广。很多企业误认为社群营销不需要传播,若传播会容易使社群成员产生反感心理,这种看法是对社群营销的误解。

仔细思考,如若企业不去传播,那么怎么能将企业新产品展现在社群成员面前呢?社群成员又怎么能知道产品的好处、全面了解企业的产品呢?

所以,传播一定要有,只是方法的问题,企业可以将传播嵌入到活动中,让社群成员在活动中了解到企业产品的信息。

由此可以说明,在社群营销中,"产品或体验极致＋传播内容用心"是一对重要的组合,虽然做到了社群营销不一定成功,但如果企业的社群营销没有这个组合,那么社群营销一定不会成功。

2. "粉丝经济"不是"社群经济"

很多企业容易混淆"粉丝经济"与"社群经济",认为"粉丝经济"与"社群经济"相同,其实这样是不准确的。任何企业品牌都会有属于自己的粉丝,但如果仅仅停留在粉丝这个层面,那么无非就是把以前的忠实用户的称呼换一种说法而已。

对于企业来说,只有经营"粉丝经济",没有依靠"粉丝经济"的说法,而"社群经济"就是将不同类别的人群聚集在一起,可谓是包罗万象,这些人群有一个共同点,就是对企业产品或服务的忠诚度比较高。

对企业而言,只有完成"从用户到朋友"的转变,才能聚集成一个有价值、参与性强的社群,从用户到朋友的转变需要做到如下 3 个阶段:

(1)第一阶段:吸引用户。

(2)第二阶段:把用户变成粉丝。

(3)第三阶段:把粉丝变成朋友。

在互联网的冲击下,有许多没有组织的人群在互联网中游荡,企业需要将这些人群中适合企业产品的人聚集起来,并且经过一段时间的选择,寻找最忠诚的社群成员和朋友。

(三)社群运营的方法

社群运营的方法,包含 3 个方面,下面进行具体介绍。

1. 从"小"出发

很多企业的社群营销之所以成功,是因为他们从"小"出发,企业将自己的社群范围缩小、将企业态度和主张体现出来,从而产生小众的人格魅力,使得粉丝、用户因为认同企业的魅力而聚集在一起。

2. 学会"连接"

随时随地连接社群人群,是社群运营必须要做的,只有这样企业才能与社群成员建立起深厚的感情,如若企业不看中"连接",那么企业的社群必定不会成功,只会是一个曾经聚集过人群的载体而已。因此,企业要学会及时"连接"社群成员,与他们多沟通多交流,彼此成为好朋友、好伙伴。

3. 需要"凝聚力"

社群在刚开始运营时,社群成员有可能是一群普通成员,他们需要企业的带领才能长久地因为某件事聚集在一起,不然很容易出现流失,并且没有凝聚力,若一个社群连凝聚力都没有,那么这个社群并不是群,而是一盘散沙。

因此,企业在建立社群的初期,需要提出某个点,使得人们因为这个点而聚集起来,并且企业还会与聚集起来的人群进行一对一、一对多的交流,走进社群成员的生活中,与他们一起交流、探讨、谈天说地,这样才能将社群运营起来。

企业还需要注意的是学会挑选,企业不能只将注意力放在聚集人数上,而且需要将注意力放在人群质量上,这样才能使社群氛围越来越好。

(四)熟知社群营销的要素步骤

企业想要执行好社群营销,其首要任务就是将社群营销的6个要点和3个要素全部都熟知,这样才不会在社群营销上走太多的弯路。下面详细讲解社群营销的6个要点和3个要素。

1. 社群营销的6个要点

很多企业在进行社群营销时,都会抱怨社群营销根本就没有效果,或者是与之前自己预想的效果差别太大,于是就开始质疑其社群营销的存在价值,是否能让企业在这个互联网时代得到不错的收益。

事实上,有些企业根本没有深入了解社群营销的特性,没有制定合理的营销规划,没有掌握社群营销的要点,才会导致社群营销惨淡收场。

下面就来详细讲解社群营销的6个要点,让企业能更加深入地了解社群营销的操作方法。

（1）坚持去维护。很多企业在做社群营销时都容易步入一个误区，那就是"急功近利"，想要"一口吃成一个胖子"，不想花费时间建立一个循序渐进的过程。

尽管社群营销在快速引流的方面有一定的优势，但不意味着社群营销会因为一次活动、一次聚集就能得到显著的成效。

试想一下，"罗辑思维"如果没有创意的每日 60 秒语音、没有与社群成员相互交流，那么定不会有如此大的成就，"罗辑思维"的成就很大程度上凭借着"坚持"下来的活动、与用户的先发货后交流模式，才维护住社群的运营。

一些企业和商家总是抱着过于乐观的心态，不切实际地认为只要在社群里将成员聚集起来，办一次户外活动，就能将企业产品大量卖出，那是不可能的，这样做只能让自己陷入不好的境况，会使得社群成员远离企业，使他们主动撤离社群。

所以，企业需要坚持社群的运营，多推出一些活动、多与社群成员交流，这样才能建立起忠实的用户。企业在决定进行社群营销之前，就应该做好长期战略的准备，而不是哗众取宠、转瞬即逝的炒作手段，这样才能使社群营销发挥真正的作用。

（2）产品特性和活动有效性。有些企业的产品在做社群营销时能取得立竿见影的成效，而有些企业的产品在做社群营销时久久不见收获，抑或是了解产品的人多，可真正购买产品的人实在是少之又少。造成这种差别的原因，可能是企业产品特性和活动的有效性决定的。

例如，人们日常生活的必需品（牙膏、牙刷、毛巾等），由于价格不高，消费者没有太强的品牌忠实度，随即购买的可能性相当高，甚至因受到热烈的社群场景气氛而决定购买。

而一些家电类产品（电视、空调、冰箱等），价钱比较高，用户品牌意识比较强，消费者在选择时会比较谨慎、货比三家，社群的交易性比较低、比较长久。而价格更高的汽车、黄金、珠宝等产品，几乎不可能在社群直接销售，更多的是进行宣传，引起社群成员的购买兴趣。

所以,企业在进行社群营销时,需要将产品的特性和活动进行相互搭配、组合,不能只看一个方面,销量高,活动策划不一定完美无缺,销量低,活动不一定毫无效果。

只有企业在社群里将活动与产品的特性相结合,才能让社群成员在活动中自然、不突兀地了解产品的特点、信息,如此一来,不管销量是否好,社群营销都是有效果的。

有些品牌企业在做社群营销时能很快地取得效果的原因之一就是消费者对他们的产品、品牌很熟悉,省去了介绍产品、得到大批消费者认可的时间。所以,一旦消费者对企业和产品有了一定的了解,就不会去质疑产品和活动的真实性,社群营销的效果就会比较显著。

而一些知名度比较低的企业,在社群营销初期可能没有品牌企业那样一帆风顺,因为消费者对该品牌没有足够的了解和信赖。所以,这部分的企业在社群营销时会比较吃力。

当然,这并不是意味着这部分企业就不适合社群营销,相反,这些企业在建立社群营销的过程中,更能接近消费者,能更快速地拉近同消费者之间的距离,积累名气、树立品牌,成为消费者可以信赖的企业品牌。

总之,企业一定要将自己的产品特性了解清楚,这样才能在社群的活动中体现出产品的特性,这样才能使社群成员在活动中更好地了解企业产品的信息。

(3)长远的规划。社群营销是一个完整的系统,这个系统至少要经历3个阶段,才能逐渐成熟。①市场调查、产品选择。②方案策划、活动开展。③跟踪反馈、修正改善。

企业进行社群营销时,千万不要随波逐流,也不能没有规划性地进行社群营销,企业事先需要一定的推广,让用户知道社群的存在,也可以在某个社交平台上,与适合企业社群的人群建立情感联系,这样才能将社群营销带入一个好的趋势。

企业在做社群营销时,不要将它看成一种普通的营销工具,而是要看成一种社交专业化的营销渠道。只要企业的产品适合社群营销,那么企业在做战略规划时,就一定要做到在关注销售的同时关注与社群成员的交流,从与社群成员的交流中,获取产品需要改善的地方、消费者对企业的看法和建议,培养社群成员对品牌的认知度和认可度,这样的社群营销才有可能获得一定的盈利,甚至能成为例如"小米""罗辑思维"一样的经典社群营销案例、榜样。

(4)目标要明确。企业在社群营销开展之前,还需要想清楚建立社群的目的,一般来说企业进行社群营销具有 3 个常见目的:①直接提升销售额。②宣传推广产品。③提高品牌知名度。

当然这些目的都可以兼顾,可是企业需要将兼顾的目的分出主次,只有明确了目的,才能制定有针对性的活动方案,让活动不偏离之前企业所定的规划,让活动执行变得有效,使社群营销的效果最大化。

社群营销的目的并不是空想的,而是根据企业产品特性和企业的战略规划来进行选定的。企业只有明确目的后,才能集中资源进行相应的活动,避免花费无谓的时间,造成资源上的浪费。

(5)社群的氛围。企业刚刚开展社群营销时,一定要维护好社群里的气氛,千万不能让社群变成一个"死群",最好能让社群成员主动聊天,如果群员能主动调动社群气氛,这样企业会省事不少。那么如何让成员主动调动社群气氛呢?其实很简单,企业通过开展一些活动,让社群成员有一个共同的话题即可。

例如,小米就是利用"同城会"活动,使社群成员在社群中聊一起出游的事情,这能增进社群成员彼此之间的感情,让他们彼此了解与熟悉,一旦社群成员对企业产品有很高的诉求之后,也会经常在社群里交流小米手机的相关信息。

总之,企业需要通过制造社群气氛,对社群成员适当地进行引导,使得社群气氛持续活跃,避免出现忽冷忽热的情况,这样才能使社群成员的质量得到有效提高,也会使社群成员的忠实度越来越高。

（6）适合的时间。任何营销模式都有时间限定，虽然社群是一种去中心化、自由交涉的载体，但是企业还是要找一些好时机嵌入到社群成员的交流中去，这样才不会显得随意和突兀，而会让社群成员觉得是顺其自然的、理应如此的。

社群营销还需要考虑社群成员的作息时间和生活习惯，选择最恰当的时间开展活动或发起聊天，如表 3-4 所示。

表 3-4　合适的营销时间

9:00～11:00	虽然这是人们上班的时间，可如今是移动互联网时代，人们在闲暇的时候几乎都会拿出手机刷刷微博、聊聊微信，当人们看到自己手机上的信息，一般都会回复的
17:00～19:00	这个时间点人们开始下班了，在下班的路上，人们会拿出手机打发时间，届时企业可以在社群中发布第二天的活动，或者发起聊天
20:00～21:00	这是人们晚上最喜欢上网的时段，也是最想要和人们聊天的时间段，届时企业在社群里发起聊天定能有不少成员响应

总之，企业在社群中最好是选择一个合适的时间段进行产品信息的发布，当然上面所提到的时间只是一个大概的状况，不同产品需要根据不同的特点选择时间，这样才能取得不错的成效，毕竟产品与产品之间还是具有一定差别的。但是无论做何选择，企业都要遵守不打扰人们日常生活的原则。

2. 做好社群营销的 3 个要素

社交媒体时代，社群营销已经强势崛起，面对着汹涌而来的流量诱惑，企业利用社群将用户黏度大大增加。不管是在 PC 端还是移动端，用户日活跃表现是判定社群营销的关键。

用户的日活跃度的高低，喻示着用户与社群的关系好坏，也从侧面反映了企业的产品质量，以及企业的运营质量。下面就来了解做好社群营销的 3 个要素。

（1）建群。一般来说，社群运营的目的分为两点，具体如表 3-

5 所示。

表 3-5　社群运营的目的

企业与群员	自然构建企业与用户的接触点,将企业和社群成员之间的连接时间变得更长、次数变得更多
社群成员之间	让社群成员之间互相服务,实现强大的黏性

在很多企业看来,社群营销是低成本运营,其实不然,低成本运营需要依靠企业构建社群营销的方法,才能得以实现。

在社交网络中,每个人的关系链和好友圈子就是一个个小众的社群,他们会随时随地根据大家的需求来展开讨论,寻求解决方案。

对一部分企业来说,在高频的需求下,现有用户、合作伙伴的好友关系链就是社群,企业会利用分享产品信息导入社群中与成员交流。

随着时代的变迁,跟随用户进入现有社群,或者鼓励用户建群的社群思路已经逐渐清晰,这为传统企业进入社群营销提供了一个新的自然切口。社群一旦形成,成员之间会互相介绍、推荐好友加入。

企业在寻找社群之外,强关系好友相互介绍也是加入社群的最常见方法之一,由此带来社群的自然生长和裂变,一个大社群很有可能会变成多个小社群,这些小社群也会再度扩展成更大的社群。

在这样的循环过程中,企业应重视社群营销,增强互动,既能在社群里调动气氛,又能加强社群的扩散,这无疑是社群的魅力所在。

(2)社群激励机制。对于许多社群来说,用户的长期维系与活跃度会是企业面对的挑战。届时就需要激励起用户的自助激励。

通常情况下,社群中产生的互动越多,社群成员就越活跃。除此之外,用户在社交网络中还会设定一个目标,并努力去完成它。企业把这个目标称为自助目标,获得的结果也是用户释放给自己的自助激励。

互动激励和自助激励的实时释放,可以解决大部分用户的激励问题。企业面对这些实时而个性化的激励问题,几乎都是提供给用户统一且大型的奖励,而这些奖励远远比不上用户主动寻找并获得的激励。

如果企业只将常见的奖励给用户,多半会出现一种局面,那就是铁杆用户不断离去,最终留下的是刷奖用户。

企业统一确立的群体激励变成引导和管理大批社群运营的主要方式之一。自助激励正被充分借鉴到日常社群运营中,用户一旦确立了个性化目标就会被吸引住,并且还会想办法让自己志同道合的朋友一起在社群中进行交流。

例如,用户在某个社群中刚开通了账号,在社群中聊得非常畅快,届时就会想和自己的好友一起在这个社群中谈天说地,多认识一些好朋友。

总之,企业需要激发出用户的"自助激励",这样才能使企业的社群具有成长趋势。

(3)社群成员自由化。之前对于社群营销的讨论方法中,有一个观点:"社群领袖对于社群的长期活跃会起到很大作用"。在社群营销刚刚起步的时候确实是有用的。

但如今,社群营销已经逐渐走向成熟了,就需要企业运用社群的方式来运营、发展,届时社群领袖的角色会迅速淡化。社群成员占据了主导地位。

在社群中需要每一位成员都保持活跃、都做出贡献,共同推动社群前进,这才是当代社群营销的意义。

在社群中可能某一时刻某一成员起到的作用会略大,但到了下一个时刻,又有其他活跃分子扮演起了关键角色。

在社群中,高质量的转化效果是许多产品"冷启动"的入口,大部分社交产品"冷启动"过程中,社群都会发挥重要作用。例如,微信红包的火爆离不开微信社群。

在社群运营中,有时企业施加的影响越大,用户参与度反而越低。在社群中企业需要做的是去企业化、去中心化,放弃控制的意愿,让社群成员在小范围的朋友圈中自由组合,分别扮演不同角色。

3. 社群营销的建群步骤

社群营销的开端从建群说起,只有企业正确建立起一个具有共同语言、参与性强、黏度大的社群,才能为以后成功的社群营销奠定基础。

(1)正确姿态。社群虽然是去中心化的营销模式,可还是需要一个领袖在适当的时候,来带动社群成员。对于三五成群的闺蜜社群来说,去中心化能体现得淋漓尽致。

但对于企业来说,需要一个大社群或者是经过不断裂变的社群,届时这些社群必定需要一个领袖出来维持秩序,或是等待时机提醒社群成员企业产品的存在性。

例如,"罗辑思维"若不出来"管事"、不发布"每日 60 秒"的信息,那么还会有社群营销鼻祖"罗辑思维"社群的存在吗?

显然不会,对于企业来说,去中心化是给予社群成员自主互动、自主领导的权利,却不代表企业当一个"甩手掌柜"。对社群不问不顾,那样的社群绝对不是企业的社群,那单单是一个人们聚集在一起的社交平台而已,不会有任何的营销成分在里面,也不是企业建立社群的初衷。

需要注意的是,社群中的领袖并不是指"企业",而是指"人",这是什么意思呢?这就是让"企业"抛开自己高人一等的"企业形象",做真实的自己,以"人"的角度与社群成员一起交流,在交流的过程中,以朋友相称,以获取用户对企业产品、服务、品牌的建议和意见,解决社群成员在使用企业产品中和企业在服务中存在的问题。

总之,企业需要将自己的姿态摆正,将话语权交与社群成员,自己以"亲民"的形象与社群成员一起讨论、交流。

（2）领袖引导。企业还可以结合自己的产品找到产品发烧级别的玩家，让这样的玩家成为自己运营社群里的灵魂领袖，这样就做到了"既倾臣，又倾民"。

通常来说，在某一领域拥有影响力的个人和组织，更容易建立社群。很多企业想通过建设自己内部的社群，用社群的力量产生 4 个方面的力度，具体包括：创造力、影响力、传播力、品牌力。

企业的想法是好的，可是在实际的操作时并没有所期望的那么容易实现，有些企业甚至孤身投入大量的人力、物力、财力，却收效甚微，使得原本是香饽饽的社群营销变成了残酷的社群营销。

这都是企业一意孤行的结果，所以，企业需要让一个灵魂领袖将社群带上营销的重路，让这个灵魂领袖作为中间人，将企业和社群成员连接在一起，共同学习、共同进步，从而增加用户对企业和社群的忠诚度，增加用户的黏度，这才是企业进行社群营销的核心。

因此，社群是离不开灵魂领袖的，而灵魂领袖并不是谁都可以当的，他需要具备 3 个特点，即有影响力、有输出、懂运营。

灵魂领袖在运营社群的过程中，需要学会在社群中培养更多的小伙伴。社群需要具有原创匠心、愿意分享的社群成员，这样才能吸引社群成员聚拢起来，也能吸引社群成员主动介绍其他人群进入社群，并且还可以将这一类人培养成管理员。

（3）社群价值。企业在建立社群的初期，需要面对的首要问题并不是在哪里找到社群成员，而是需要明白自己社群的价值，即为社群成员所带来的价值，其价值包括：①做某个类型群体的情感聚集地。②为人们提供共同爱好的交流机会。③认同某一类价值观，共同讨论。④让更多的人更好地了解某个产品。⑤聚集顶级精英，吸引更多的人。

企业在为社群成员提供价值时，一定要在某个单点的能力上拥有超出普通人的能量，并得到社群成员的认可。

社群的价值有时是基于能力构建的，不是基于单纯的热情或是愿景,可以说能力是价值的关键。

(4)邀请成员。社群一开始寻找社群成员时,可能需要运营者邀请自己的朋友、企业的忠实客户、企业的品牌粉丝、朋友的朋友来帮助组群,等有了一定数量的社群成员,即可慢慢去其他社交平台上添加新成员,社交平台有:①论坛:猫扑、天涯等。②微博:新浪微博、腾讯微博等。③QQ:兴趣部落、QQ群等。④微信:"漂流瓶""摇一摇"。⑤社交APP:微信、堆糖等。

(5)社群秩序。企业想要建群就必须将社群中的角色划分好,这样才能让社群有秩序地运行下去,一般来说,社群中有3类角色,如表3-6所示。

表3-6 社群中的成员角色

管理者	在社群中实施赏罚的角色,能够对成员的行为进行评估,让成员互相竞争学习
合作者	将各自的资源进行交流,这样共同生产的效率会比较高,比单打独斗要好
参与者	需要参与到活动中去,积极提高社群的活跃度,想办法营造出一个好玩、气氛活跃、参与度高的社群

(6)社群结构。社群包含2种结构,一种是内部环形结构,另一种是外部金字塔结构。

在社群内部环形结构中,每一次的交流都能涉及社群中的每一个人,在社群里没有地位高低之分,管理相对松散,没有严格的规矩,只有社群成员经常讨论、交流的内容。

很多社群都是以随意聊天为主要职能,基本上用户可以随心所欲地聊天。企业可以在社群里谈笑风生地进行维护,可以使社群用户在欢声笑语中了解企业产品的信息,在这个过程中,可以在社群中培养出较深的情感认同。

(7)加入原则。随着社群营销日益火爆,社群出现了2种加入原则,分别是:有门槛的邀请加入和无门槛的开放加入。

无门槛的开放加入的社群,加入进去的成员会比较杂,并且会有很多不活跃的人,不在社群里发表意见,只是一时兴起才加入社群,做一个"占位者",对企业以及社群来说没有什么价值。

而有门槛的邀请加入的社群,一般都会是社群成员邀请新成员进入,若是用户自己申请加入,没有一个得当的理由是不会被批准的。

所以无门槛的社群经常需要清理社群成员,这样才能保证社群营销能有效地进行。若不进行"淘汰制",那么社群与普通的 QQ 群有何区别呢?不过很多开放性的社群都没有做到"动态淘汰"。

(8)内容输出。内容输出优异与否对于社群来说,是决定其是否有价值的重要因素之一,若一个社群的输出不符合社群成员的需求,那么这个社群很有可能面临散群危机。

企业如果想要规避散群危机,那么就需要给社群成员提供稳定的内容输出,这才是社群成员加入社群、留在社群的动力,没有服务输出的社群是很难保持长久的活跃度和生命力的。

比如,"彬彬有礼"提供给用户"私密问答"的服务,还有专业的咨询师为用户解答情感方面的问题,这样的有输出服务的社群深受社群成员的喜爱。

第四章　博客与微博传播

微博与博客都是信息传递的途径,二者有诸多类似之处,在媒介形态上,它们都是依赖于发达的互联网技术,可以发布多媒体如文字、图片、影音剪辑等,但二者也有其自身独有的特点,有着各自的传播方式,本章便对博客与微博的传播进行介绍。

第一节　博客的传播

众所周知,博客是一种重要的网络推广工具,做好博客营销也是很多企业进行品牌推广的有力武器。我们常说的博客可以分为两类:一类指的是博客平台所开设的博客,而另一类指的是拥有独立域名、空间和程序的博客。从某种程度上讲,第二类博客其实就是一个网站,因为它具备了网站的各种特征。除此之外,博客还有很多分类方式,例如个人博客、企业产品博客、内部博客和客户服务博客,以及企业内部公司高管的半个人半官方博客等。

一、我国现有的博客类型

目前,我国的博客站点数量庞大、种类繁多,按照不同的划分标准可以区分为不同的类型。

(一)按内容来源分

按照内容来源的不同,博客可以分为新闻博客、个人日记博客以及网络写作博客 3 类。顾名思义,新闻博客即以发布新闻和新鲜事件为主要内容的博客;个人博客是以个人见闻、个人感受等与个人生活相关的事件为主要内容的博客;网络写作博客则是传统作家及网络写手创作的以文学、评论和专业论文为主要内容的博客。

（二）按格式载体分

按照格式载体的不同，博客可以分为文本博客、图片博客、音频博客、视频博客4类。文本博客即以文字为表现形式的博客；图片博客是以图片为主要表现形式的博客；音频与视频博客又称"播客"，是采用语音、视频等表现形式的网络日志，已独立出来自成一个产业。

（三）按终端形式分

按照终端形式的不同，博客可以分为普通博客和移动博客两类。普通博客即通过电脑终端及网络浏览器发布或浏览的博客；移动博客是以手机为终端，通过无线网络上传到博客空间的博客，当下时兴的"微博"就是典型的移动博客。

（四）按网站形态分

按照网站形态的不同，博客可以分为博客门户、门户博客、社区博客、个人网站博客4类。博客门户即专业博客网站，一般也是国内最早的博客托管商，如博客网、博客中国网等；门户博客即门户网站推出的博客业务，如 MSN、腾讯 QQ 的共享空间，新浪、和讯、搜狐的博客频道等，门户博客与博客门户一起构成了中国博客市场的两大主力军；社区博客是社区网站推出的博客服务，如天涯社区推出的天涯博客；个人网站博客则是在个人网站上书写的博客。

（五）按博客服务商的收费标准分

收费博客是未来博客产业的发展趋势。目前有纯免费的博客服务，如 MSN Spaces、Weblogs 等；有免费与收费相结合的博客服务，如 Blogger、Blog-city、Blogbus 等；还有一种纯粹商业运营的收费博客服务,如 TypePad,这种纯收费类型的博客服务托管商目前在中国相对较少。

二、博客的传播特征

(一)个人性与开放性的统一

如果说 BBS 是一个公共广场,那么博客更像是一间敞开门的闺房。博客是一种简易的信息发布方式,属于每个博主所有,有明显的个人化色彩。博客所展现的内容都由博主决定,生活点滴、观点看法、情感抒发无所不包,表现形式丰富,纯粹是个人自由状态下的自发行为。但是,任何个人化的内容一经博客公开发表便具有开放性,供网民浏览、评论。可以说,博客是个人性与开放性的综合体,任何一个公开的博客既是博主的私人领地,又是网民的公共空间。

(二)即时性与互动性的统一

《华尔街日报》记者佩吉·努南曾说:"博客是每周 7 天,每天 24 小时运转的言论网站。"这种即时性是博客的魅力所在,判断一个博客是否有生命力的重要标准就是博客网页是否及时或经常更新。博客"逆时序"排列方式保证了最新的内容始终置于网页的顶端。

作为 Web2.0 的典型代表,博客充分体现了互动性的特征。博客作者更像是话题的发起者,读者和作者平等地横向交流。一方面,这种交流使博客作者感受到关注,进而保持持续更新博客的热情;另一方面,不同思维的碰撞,则能够产生新的知识火花。即时更新与畅快互动的良好统一,使得博客始终活跃,备受关注。

(三)链接性与多媒体性的统一

网络媒体较之传统媒体的一大优势就是超文本链接,通过超文本链接,小小的博客网页就能够成为通向浩瀚网络信息的路口。通过超文本链接,可以方便地到达另一个网页或者是同一网页的不同位置,图片、视频、文章、网站都可以成为链接对象。这一特征不仅大大增强了博客内容的丰富性,也节省了网络空间,使得博客成为一个综合了文本、图片、音频、视频的多媒体传播形态。

三、博客传播的模式

(一)将博客用作官方网站

企业可以充分利用博客进行品牌形象或产品形象的宣传与推广,让目标客户在博客与企业取得联系,成为企业的意向客户。除此之外,博客的天然平台流量还能帮助企业进行形象的推广和宣传,企业通过博客平台可以与目标客户建立联系,需要注意的是,将博客用作官方网站进行推广宣传时要注意以下几个核心策略:

(1)内容要能为客户提供深度价值。

(2)记得加上各种联系方式。

(3)注意进行定期更新。

(4)提前做好规划,产品要策划好亮点与卖点、公司介绍既要详细又要权威。

(二)将博客用作官方网站的辅助和补充

博客的个人化性质使得其内容较为多样,语言风格也相对较为口语化,在博客上不仅可以宣传公司品牌和产品等较为官方的内容,还可以讲一些客户较为感兴趣的冷知识、热点话题甚至是幽默笑话等,这样可以拉近与客户之间的距离,让企业更具人格魅力。这种将博客用作官方网站的辅助和补充的方式需要注意以下几个核心策略:

(1)注重与客户的日常互动和沟通。

(2)充分利用网络化语言,或者较为个性及感人的语言。

(3)内容既要充满趣味性,同时也要保证多样化。

(4)适当加入公司高管或各部门的专栏内容。

(三)将博客当作链接平台

当前博客的链接权重有所下降,但其对于网站搜索引擎的排名还是有很大的促进和推动作用的,所以企业可以利用博客(尤其是高级博客)作为公司网站的外链平台。大部分博客可以借助平台的权重传递,外链也基本是单向相关锚文本链接。此类博客要注意以下几个核心策略:

(1)要在各类博客平台开足够多的博客。

(2)博客内容要每天更新。

(3)博客内容要与公司相关,可以是简单的公司网站内容。

(4)要在博客内容中为网站做锚文本单向链接。

(四)用博客来挂广告

大部分博客平台都提供广告服务,一些独立博客也是先通过做流量,再利用广告联盟实现变现的。通常情况下大部分个人博客主喜欢用这种方式变现,其营销方式与企业博客营销完全不同。用博客来挂广告主要目的是做流量,只要有流量就会有点击收入(销售分成模式的广告联盟必须有销售成交)。因此,这类博客内容经常以网络热点为主,甚至会出现内容不当或标题党。

在进行博客营销时,一定要做好合理规划,对营销目的和模式进行深入研究和定位之后方能有的放矢,这样才能达到最佳的效果。

四、博客传播的目的

(一)凝聚用户

博客可以凝聚一批有共同爱好的人,与网站不同的是,博客的背后是一个较为真实的人,也就是博主。举一个简单的例子,如果一位博主以写文章创作为主,那么他的粉丝通过对博主文章的阅读与其产生感情,并从侧面了解博主的想法和见解,知道博主是一个什么样的人,大家拥有共同的志向,也就很容易为自己的梦想共同奋斗。

(二)打造品牌

一些人做博客只是为了分享自己的人生经验,久而久之会在用户之间形成一定的认同感和影响力,这就是博客的重要价值。粉丝用户一旦达到一定的数量,就会很容易赢得一批较为活跃的忠实用户,这些用户就是宝贵的资源,对于博主打造品牌来说是至关重要的。但是很多企业在博客内容的创作上总是一筹莫展,不知道该写什么。需要注意的是,博客的个人色彩相对较重,所以企业老板可以自行写作博客,分享对用户有用的经验,以此来获取用户的进一步信任,为品牌的打造创造机遇。

(三)处理公关危机

在当今时代,不仅网络存在一定的风险,而且客户也比较挑剔,有的客户只要稍微有一点不满意,就会到处传播企业的负面消息,而这种负面消息会对企业的品牌形象产生负面影响,让其他客户对企业产生信任危机,甚至连老客户都会对企业产品失去信心。当出现这种情况时,企业就可以利用博客来进行澄清或道歉。如果负面消息是假的,那么可以在博客上进行澄清,但如果是真的,那么就要主动承认错误,借助博客进行正面积极的处理,将如何纠正错误发布到博客上,使其成为自己的危机公关平台。

(四)带来直接效益

除了前面提到的几点之外,博客还可以为企业带来直接效益,但这种直接效益并不只是卖产品、广告或服务带来的利益,还包括较为内在的人品效益,只要人品做好了,其他问题相对都会好处理一些。当然,博客也可以通过卖广告来赚取直接利益,例如卢松松的博客在短短一个月之内就创下了上万元的广告费,这就用到了博客访问量大和较为细致的特点。博客不仅可以做广告和宣传,同时还可以卖产品,如王晓峰的博客就卖起了DIY的T恤,除此之外,利用博客卖的产品有很多,但在创造经济效益的过程中一定要注意和谐发展,不能因为一时的利益让博客的发展受到阻碍,最后得不偿失。

五、博客巧妙的文案推送

(一)产品功能故事化

想要利用博客营销,在文案创作上要注意故事化,也就是要学会讲故事。并把产品的功能融进故事中去,这样才能将生硬的产品说明得更加生动,充满故事情节,让产品自己就可以为自己说话。

(二)产品形象情节化

很多企业宣传自己的产品时喜欢打口号,为的是使产品更加深入人心,但是想要真正抓住客户,打动客户的心,简单地打口号肯定是不行的。企业要将自己产品的优势情节化,利用感人的情节打动客户,让客户只要记住了情节自然也会记住你的产品,所以设计深入人心的情节展现也就可以让客户认识并记住你的产品。

(三)行业问题热点化

博客文案的创作要注意抓热点,人们最关注的话题就是热点,只有不断抓热点或者直接提出热点,才能真正吸引客户的眼光,并通过与同行对比凸显自己产品的优势,当然,想要做到这点就要知己知彼,对竞争对手了如指掌,这样才能百战不殆。

(四)产品发展演义化

在博客的文案创作时,还要尝试给予产品以生命,通过拟人的手法来展现产品特色,这样不仅可以多层次、多角度展示产品优点,同时还能利用童话、幽默而富有创意的写作手法吸引客户,给客户耳目一新的感觉,让客户深深地记住你的产品。

(五)产品博文系列化

利用博客文案营销并不是立竿见影的事情,而是需要大家耐下心来苦心经营。在产品博文的创作过程中,可以尝试系列化的文案写作,让客户像看电视连续剧一样通过故事情节的发展跟着你的博文走。因此,在产品博文的创作中要设计高潮部分,这样才能让客户有得看、愿意看、急着看,同时加深产品在客户中的影响力。

(六)博文字数精简化

与传统的媒体文章不同,博文并不是长篇大论,其创作既要论点明确,同时还要论据充足,以短小精悍为特点,否则篇幅过长或啰啰唆唆,很容易引起客户的反感,浪费客户的时间。因此,一篇好的博文最好控制在 1000 字以内,这样才能符合当下人们的快节奏生活。

六、博客传播时的缺点

(一)商业性质太重

博客的用户群大部分是潜在客户,需要用心去培养感情,所以企业不能在博客上一味地发布有关企业供求信息的内容,这样用户不会产生太大的兴趣,而要通过软文来间接将产品和服务介绍给用户,这样才能潜移默化地影响到用户,并提高企业和产品的知名度。

(二)无有效内容

博客内容不能内容太少或一味地抄袭,这样就失去了博客的价值,访问者也不会太多,同时还可能影响到企业的品牌及形象。对于专业的企业博客来说一定要有专业的内容,否则带来的负面影响会使得博客有不如无。所以企业在博客的内容上一定要下工夫,不仅要有优秀的内容,同时还要发布行业新闻、发展动态以及最新研究动向和企业研究课题成果等内容,并将这些内容进行合理分类,使得企业博客平台井井有条,引来更多同行及想要了解相关信息的人的关注,获得更大的影响力。

(三)将博客当作排名工具

一些企业或个人在博客上总是发一些毫无意义的链接而没有什么基础内容,以此来提高排名效果,这样做从长远来看会给自身带来负面的影响,甚至有可能被搜索引擎视为垃圾外部链接。

(四)单打独斗

博客营销成本较低,因此不太适合单打独斗,可以让所有感兴趣的员工均申请自己的博客,除了可以将自己的爱好和生活状态等内容分享到博客上之外,还可以帮助企业进行宣传。动员全员,组织全民战斗,这样使得博客营销达到一定的规模,并迅速提高企业的知名度。

(五)没有自己的博客系统

通常情况下免费的服务对于服务一方来说是不具有任何责任的,所以这种服务也没有任何保障,一旦服务被终止,那么企业通过博客所积累的资源将消失殆尽,所以企业一定要建立自己的博客系统,这样可以安排专业人员进行管理和备份,确保网站可靠稳定地发展下去。除此之外,创建自己的博客系统还能吸引更多的人加入到自己的队伍中来,对企业的发展带来更深的影响。

第二节　从博客到微博

一、博客

博客(Blog)来源于 Weblog。Weblog 指网络日志,是一种以网络作为载体,由个人管理、张贴新的文章内容、图片或视频的网站或在线日记,用来记录、抒发情感或分享信息、传播个人思想,带有知识集合链接的出版方式。

1999 年是博客开始高速增长的一年,主要是由于 Blogger、Big Blog Tool 等众多自动网络出版发布的免费软件的出现,而且它们往往还提供免费的服务器空间。有了这些,一个博主就可以零成本地发布、更新和维护自己的网站。

早期,人们会在博客上分享自己的所见所闻、身边发生的事、知识技能、思考感悟等,看一个人分享的博客内容,可以走进一个人的内心,可以大概知道一个人的喜好,还能通过文字感受到一个人的喜怒哀乐。相比论坛碎片化的话题,博客让一个人的面目、性格更清晰可见,更容易引发大家的认可和关注阅读。

博客兴起后出现了很多博客门户,如"博客中国""博客大巴""牛博网"。但随着各大门户都开通了博客频道,展开竞争,这些专门的博客门户都逐步在竞争中被淘汰了。

在博客繁荣的时候,知名博主获取回报的方式有 3 种:①写公关软文,为企业品牌背书,获取商业回报。②在博客页面嵌入广告链接,通过付费广告分成获得收益。在博客繁荣时代,嵌入搜索引擎的付费广告页面曾经非常流行。③内容打赏收入。博客时代在技术上实现了对文章内容的打赏,但当时并没有打赏文化,博主靠付费阅读获得生存空间的形式并不存在,真正有影响力的博主反而会选择去门户网站开专栏,扩大个人影响力,在其他领域换取回报。

二、微博

微博,即微博客(Micro-Blog)的简称,是一个基于用户社交关系的信息分享、专播以及获取平台,用户可以通过微博平台发布 140 字左右的文字更新信息,并实现即时分享。微博之所以叫微型博客,从某种意义上讲,它属于博客的一种类型。2009 年以来,随着推特、饭否等微博客的兴起,以新浪微博为代表的中国国内的微博客也迅速发展,吸引了大量博主加入,还扩展了大量普通人群进入微博关注和"互粉"。2010 年后的 3 年中,微博成为当时最热门的新媒体,如图 4-1 所示。

图 4-1 2018 年的新浪微博

微博兴起和智能手机开始普及关系很大,用户可以利用 PC、手机等各种可连接网络的终端进行访问,随时随地发布文字、图片、音频、视频等类型信息,再将自己的最新动态以短消息、短信等形式发送给关注者。

微博逐步取代博客的影响力,除了更适应移动终端之外,还有如下原因:

(一)入门简便

140 个字符表达长度大大降低了写作和分享的门槛,因此大受普通用户的青睐。用户可以通过计算机和手机客户端随时随地发布文字、图片、视频，更新信息。微博在编辑的过程中无须离开个人首页，只用在文本框内输入文字即可。博客则没有字数限制，且在写作时需要另外打开一个页面进行编辑。因此，编写一条微博比写一篇博客所需要的时间要少得多，发布的过程也更迅速。

（二）碎片时间

微博的内容简短，仅在140字以内，提供的信息也是碎片式的，微博内容往往就是一句话、一张图片。微博可以充分利用碎片化时间写作和阅读，这又方便很多知名人士进入微博进行微分享。虽然微博内容大多不成系统，文本呈碎片化，但却加快了交流速度，降低了交流成本，强化了人与人之间的即时互动交流感。

（三）互动性强

微博有关注功能，即用户可以对其所感兴趣的人进行关注或者加为好友。加关注之后，对方所有在微博上公开发出的信息都会显示在用户的个人首页上，并随着时间自动更新。用户可以选择自己所关注的信息进行转发或评论。这些转发和评论都会在页面上给原作者以提醒，而原作者又能通过提醒功能查看其他人的留言和评论，能及时回复消息或者回答问题。同样地，受众也能通过计算机、手机等利用碎片化时间即时接受传播者所发布的多媒体信息，并加以互动。

（四）社交传播

随着微博用户的不断增长，微博所能发挥的效用也越来越大。例如，@邓超随意发一条微博，过一段时间就会有成千上万条转发和评论；再如，@人民日报发布一条新闻，瞬间被转发上万，网友从而就能迅速得知该条新闻的信息。

第三节 微博的传播

一、微博的传播特征

(一)传播的即时性

微博强化了即时传播性,随着互联网技术的发展成熟和手机客户端业务的普及,微博用户可以通过互联网、手机、WAP、MSN、QQ 等即时聊天工具随时随地发布和接收信息。互联网和无线终端结合,用户可以随时保持移动的在线状态,无论走到哪儿,都能随时浏览信息,并表达出自己的意见和看法。一些大的突发事件或引起全球关注的大事,如果有微博在场,利用各种手段在微博上发表出来,它的实时性、现场感以及快捷性,甚至超过所有媒体。

(二)传播的群聚化

微博可以随时随地表达自己的观点并与他人进行分享,在当前受众细分和追求草根化、个性化的驱使下,微博的出现恰好满足了人们对媒体个性化的需求,传播者的自主性大大强化,同属意见领袖的人群表现出聚合化、群体化特征。北京网络媒体协会与缔元信网络数据(万瑞数据)共同发布了《微博媒体特性及用户使用状况研究报告》,报告显示,微博上的交流是以圈群为中心的,89%的人主要关注的是朋友、同学、同事、业内人士,关注的微博内容也是具有圈群性的话题、熟人朋友的动态、业内人士的观点。微博的快速成长代表了人们对人际交往圈扩展的需要。现代快餐式的社会氛围,人们难有足够的时间与自己的亲朋好友沟通或广泛交流。微博是用户信息流的个人广播台和中转站,传播者可以在上面留几个字,将自己的最新动态和想法以最快的速度发送到网站群中,同时又能随时了解到亲朋好友、名人和关注粉丝的行踪。此外,微博设置的标签、分组功能,进一步将不同兴趣和个性的用户进行细分,在这个群体内,用户之间的信息交流又可得到进一步加强,其群体性更加稳定。

(三)传播的裂变化

在微博的传播环境下,公众在观看信息的过程中可以直接参与到事件的讨论中,即时发布具有个性的意见和看法,在传播的过程中,思想倾向一致的人会自动形成群体圈子,将群体圈子的意见汇总后扩散开去。一个微博用户成为信息发布源头,他可以根据自身的兴趣爱好,不需要其他微博主的同意任意添加"关注",其发布的信息会自动在关注者的页面上实时显示。一方面,微博的"一键转发+评论"功能,使它的关注者看到信息后也可以同时成为发布者,将自己获得的信息或者评论实时发布,轻松与互联网上的无数个点相连接,而这些点又会成为信息的发布者,不断增加的评论,使信息不断聚合增强,将信息进行核裂变式的传播,迅速生成"大舆论"。另一方面,微博在功能设置上还设置了"@+"方式,可以通过@+对方网名的方式,将信息传达到对方微博上,实现"一对一""一对多"的信息交流传递方式;微博还设有"群组"功能,用户选择自己喜欢、感兴趣的群组加入后,可以跟不同区域内的人进行交流,真正实现了"零距离""宽范围"的交流。

(四)传播的互动性

除了关注和转发功能,微博还有"评论功能""回复功能""私信功能",这些功能使每个用户既是受众,也是传播者,两种角色交错,极大地提高了多方交流的互动性。

二、微博的基本属性

微博作为新型的社交媒体,诞生后给人们的生活带来了巨大的转变。对社会信息的获取不再是一贯的电视、报纸、网络,微博这种短而快、简而精的社交媒体形式成为人们的更佳选择。微博呈现出它特有的几个特点：

（一）短

文案记载短，使用门槛低。微博文案通常限制在 140 个字符（或汉字）以内，奠定了微博比其他媒介简单可操作的特性。"短"微博让忙碌的人有快速表达的机会，同时也让微博的评论和回复更容易、更精练。名人、专家或企业可以通过简短的微博对事件发表观点、发起活动或危机公关，"短"微博也可以起大作用。这也是大家更青睐微博的原因之一。

（二）快

发布内容快，内容传播快。140 字的简便操作让微博博主可以随时随地发布信息，不受任何限制。而一键转发的功能让你的一层粉丝有可能对有亮点的评论或者转发进行分享，这样你的粉丝的粉丝就是第二层受众，以此类推，你的帖子就可能在很短的时间内传播给很多人。如果你的粉丝中不乏几个重量级人物，那么恭喜你，你的微博将在几秒钟内引爆平台。另外，微博的传播并不受时间的限制，也就是说，很久以前的帖子也能继续传播，这一点将最大限度地增加微博的长尾效应。

（三）碎

碎片微博形式，碎片时间展示。展示在你微博首页的微博一般是按时间顺序加载的，也有些是智能排序。你看到的帖子都是碎片式的。同样，你的信息呈现在你的粉丝面前也是碎片式的。因为我们不能无时无刻都盯着微博的动态，你也不会知道你关注的人在什么时间发布你想看的帖子，所以微博展示的时间也是碎片式的。正因为如此，微博用户也更愿意利用碎片的时间去发布微博、关注微博、参与微博的讨论。

（四）开

开放平台，开放交流。微博是一个公共的开放式平台，虽然微博用户各不相同，但在微博上大家都是平等的。你可以任意选择要关注的对象，收看关注对象的实时更新，并且同他们进行信息分享与互动交流。与其他媒体相比，微博平台的用户信息发布与用户间评论互动比较轻松，更促进了用户之间的平等交流。微博上有很多微博认证用户，这使得在微博上找到经过认证的、信息可靠的人或企业更容易，这为微博社交铺平了道路。同时，许多微博平台开放自身 API，允许其他应用与平台的接入，从技术层面打通了互联网不同媒体、不同媒体用户间的界限，最大限度地显现了社会化媒体的开放性。

三、找准微博的准确定位

一个能勾人胃口的微博到底应该是怎样的？简单地用一句话来形容就是："金玉其外，美味其中。"通俗点儿说，就是面子要好看，里子要强悍，才能让人走过路过，舍不得错过。

其中面子是好感的起步，微博作为一种拟人化的个性化媒体，打造一个让特定受众喜欢的拟人化形象，就是"有面子"的开端。要做到让人一见钟情，你必须慎重考虑：你的微博定位应该是一个具备权威专业知识的学究大哥，还是一个最体贴细腻的知心姐姐？应该是一个有点儿坏的老男孩，还是有点儿色的新新女孩？要做到这些，你就要事先精心调查和评估受众的心理倾向，否则，面子的"定位"没找对，一见钟情就有点儿难。

但是，面子定位好了还是不够的，若是金玉其外却败絮其中，在众目睽睽之下是很容易露馅的。但是，光有好馅儿却也不一定适合你想圈的粉丝，一如人家喜欢莲藕馅儿的包子，你却硬塞给人家一个虾仁馅儿的包子，看着很好，却坏了人家的胃口。所以，一个勾人胃口的微博更得找准内涵的味道，让"里子"适合受众的口味，才能化一见钟情为长相厮守。

在微博营销中,内涵是否让你的粉丝满意、胜过竞争对手,可以用一个综合指标来衡量,那就是微博权重。

所谓微博权重分两种:第一种针对百度、360等有微博搜索功能的第三方搜索引擎,由于这些搜索引擎的功能不足,算法不明,暂时也无太多营销价值,所以不做讨论。第二种针对新浪微博这个官方平台。新浪微博的微博搜索、微博推荐功能可以带来巨大的曝光量和粉丝流量,权重越高的微博越容易在这些地方站住脚。一些被新浪推荐的"草根红博",放着不动每天都会自然而然地增加数千粉丝。而每当有热门事件发生,有心的博主通过增加自己微博的热点关键词权重,也能从微博搜索得到大量的粉丝。

那么,如何提升微博权重呢? 这里介绍几个常见的技巧。

(一)对微博圈粉的新手指南进行分析

中国人向来喜欢从众,"羊群效应"尤为明显:"别人都关注了,那我也得关注。"因此圈到一定数量的初始粉丝会更容易像滚雪球一样圈来更多的活跃粉丝。

朋友互粉、加入群组、邀请亲友团这三招的确更适合个人用户,对于以广播为主的账号来说,这只能作为起步的起步。这里要警告一下,慎用互粉联盟,即使加满了人,也不过两三千人,而如果你以后随意解除对这些人的关注,会伤害信誉,不解除关注又会严重干扰你的微博视线,所以圈初始粉丝宁可使用有奖推广,或请粉丝多的大账户推广,以及采用企业微博矩阵推广(也就是多个企业微博互相推广)等正规的推广方式来加粉丝,这样得到的粉丝真实程度要高得多。

这里要着重强调一下:没有自己的东西就不会有吸引别人关注的硬实力。所以微博在起步推广之前,应该至少发10条左右能体现兴趣爱好,展现博主才能的原创微博。什么东西都没有就急着去找人关注,将心比心试试,你愿意随便去关注一个看不出所以然的微博吗?

而贴表征微博兴趣方向的标签,则是打造互动圈的一个关键因素。别人可以借助这些标签找到你,你也可以借助这些标签找到志同道合的朋友。一旦逐步融入圈子,就能建立起真实的互动率。请记住:互动率是影响微博搜索权重的关键因子之一。

(二)对话题善于运用

"里子"固然有用,可是没有扎实的"架子","面子"迟早也会垮。微博讲究的是互动,这个得慢工出细活,"粉丝虐我千百遍,也要对粉丝如初恋"。微博也讲究创意,制造热点或者借助热点,关键时刻搏出位,要试着去引爆眼球。所以"里子"再好,也得学会找准点去厚积薄发。

有人可能会很委屈地说:"我很辛苦,天天把能写的都写了,结果理我的人就是那几个熟人。不关注我的人,根本看不见我写的东西,这怎么办?"如果你仔细观察阅读量就会发现,在同等粉丝量下,带热门话题的微博阅读量会大不少。因此参与热点话题,乃至于策划把一个看似不起眼的话题推成热点话题,就能极大地增加微博的曝光量。

这里也提醒大家注意:生硬地参与热点话题,也就是随便把一段不相干的话附加上热点话题,会给你的粉丝带来很不好的阅读体验。

只要善用话题,即使你不是话题主持人,也能慧眼选中适合你这个方向的话题,用好的内容去参与话题,甚至是推热话题。为了一时的人气乱用热门话题,伤的不仅仅是你这个账号,还有营销的名声。

(三)对微博的附加值加以利用

会员、等级、勋章也是微博权重的考核标准,因此,做会员,刷等级,赢勋章,都是提高权重的辅助手段,另外还可以利用平台的其他相关产品。例如,去微吧发帖再转发到微博,搜索相关关键词,排名会更令人欣慰。但凡平台产品能和微博挂钩的,就想办法和它挂钩,这对加微博权重来说,有百利而无一害。

四、打造微博更高阶梯

(一)精细装修微博"面子"

找准了定位,微博的"面子"只是准备好了良好的基因,要表现出良好的效果,还需要精细的策划。简单地模仿、抄袭知名企业的人数不胜数,但是在一个无数人盯着的大舞台上,抄多了一眼就会被抓出来。投机取巧虽然会暂时引来流量,但对打造企业的长久品牌却是重大损失。所以,在谈一些知名企业的成功案例之前,请务必静下来想一想:"我是去学,还是去抄? 我即使是去抄,是完全照搬,还是稍微动下脑筋,抄得有点儿新意,让人明白我至少有创新的实力?"想清楚了以后,我们还是从知名的企业开始评点其符合定位的精细装修之道。

下面是精细装修微博"面子"的几条法则。

1. 起一个好的名字

一个合适的昵称会让第一次见到这个微博 ID 的人对其加深印象。所以,选择微博昵称和选择网站名称是一样的,要简单、容易记,要让微博网名成为你的代言,让别人第一眼看到你的微博昵称就能很快记下来,让人喜欢你的微博,并期待你的微博将要发布的信息。一般来说,你所选择的微博昵称应该代表你所推的站点,或者你所推的企业或产品的名称。

2."三配"最佳

"三配"即选择适合身份的头像、背景和简介。企业微博更要选择符合本企业的背景和头像。那么,怎样选择符合自己企业的背景和头像呢? 头像和背景以图片为依托,展现的是企业文化和企业特点,所以头像和背景需要选取与自己的企业文化相匹配的图片。图片可以自己制作,也可以使用合适的模板。头像与背景的搭配也很重要,切忌头像与背景完全不搭。头像与背景的设计要想吸引人，必须精心设计。一个简洁明了的企业简介有助于他人对企业有一个快速、直观且清晰的印象。设计上既要体现企业的特色，还要用最简单的话让别人知道你的企业的类型。

3. 优化关键词

在微博中，关键词优化的对象是能被搜索引擎索引检索到的关键词。主要是提高关键词被搜索引擎抓取的速率。在个人材料中，阐明自身信息的同时，也应选择恰当机遇填入要优化的关键词，提升搜索引擎抓取的概率。个人材料的内容与微博坚持好的相关性，能够在提升搜索引擎抓取的同时让你的受众不感到腻烦。

做微博关键词优化的时候，微博的内容要尽可能以关键字或关键词组来开头，即使不参与微博的热门话题，也可以加上各种♯话题♯，尽量利用容易被搜索引擎搜索到的词条以增加被搜索引擎抓取的概率；但这些内容也是要和你推广的内容相关的，要考虑到你的听众。如果一味地为了优化而优化，那就得不偿失了。这与前面说到的生硬套用热门话题会伤粉是一个道理。

我们所关注的公众人物、企业官微和微博达人大多是经过认证的。通过精准的定位，公众人物、企业官微和微博达人的微博就有了一定的权威性。很多企业抱怨：微博粉丝数都过万了，可转载、留言的人很少，宣传效果不明显。这其中一个很重要的原因就是定位不准确。定位明确后，就可以引起目标消费群体的关注。例如，如果是一家生产面膜的企业，就要围绕自己产品的目标顾客的关注点来发布相关信息，吸引目标顾客的关注，而非只考虑吸引眼球，导致吸引来的都不是潜在消费群体。目前很多企业微博为吸引大量的粉丝，不注重粉丝是否为目标消费群体，这样的误区希望不要效仿。

（二）对微博核心竞争力进行打造

微博说起来很好写，140字以内，不用考虑、随便说几句弹指一发就可以生成。门槛如此之低,往往令人忘了微博的内容也是需要精心组织的,否则即使能停留在用户的视线以内,也容易被时间线上其他更抢眼的微博夺去风头。在这里,我总结出保证微博核心竞争力的三大规律,希望能帮助初学者打造一个有魅力的微博。

1. 注意微博内容的定向性和连续性

微博就像一本随时更新的电子杂志,要注重定时、定量、定向发布内容,让大家养成观看的习惯。当其登录微博后,能够想着看看你的微博有什么新动态,这无疑是成功的最高境界;虽很难达到,但我们需要尽可能地出现在他们面前,先成为他们思想中的一个习惯。

定时、定量地发布企业微博自然是最有利的,定时高频率更新,不容易在时间线上被快速淹没。但一定要保证微博的质量,在质量和数量的选择上一定要以质量为先,因为大量低质量的博文会让浏览者失望。缺乏价值的信息是达不到企业微博的传播目的的,还很有可能会被取消关注。

2. 打造微博内容的吸引力

微博的魅力就在于内容的及时性强,我们在保证微博的数量的同时,绝不能忽视微博的质量。那么如何做出让粉丝喜闻乐见的好微博来呢? 常用的办法有以下几种:

(1)抢新。最彻底的抢新就是完全独家原创。但有些矛盾的是,原创不一定比那些已经被证实很受欢迎的非原创经典更受欢迎。转载经典是一条捷径,但是如果缺乏"一定比例"的高质量原创,那么这个微博账号就始终没有别人不可替代的特色。因为你能转,别人也能转。凸显无可替代的独特性是打造微博核心竞争力的关键。在微博平台进入数量增长的平台期后,新人来得少了,而早期的经典资源早已把"老人"的眼球拉疲倦了,想让他们继续保持关注的热情,创新是一条不省力但却越来越难以回避的路。

这里要指出,所谓的高质量原创并非指每张图片、每段文字都是自己写的,也包括在素材基础上的二次加工和整合。这就要求微博编辑有慧眼识素材的能力,知道哪些内容整合起来可以讨粉丝的喜欢。有的时候一些错位整合有可能化不起眼的图片为卖萌照,化平淡无奇的文字为有热门传播价值的幽默段子,如果非要使用纯转的内容,如时尚新闻动态,就得注意时机,至少在微博平台上抢到发布先机,也不失新意。

(2)追热。所谓的追热,不只是前面提到过的加入热门话题,也是善于借用变化环境的色彩来增加时尚感,拉近和粉丝的感情距离。例如,快速抓住网路火爆的网络风格体,打造自己的萌点,这对微博编辑将是一个挑战。不仅要最早了解热门事件,更要能更快适应网络风格体,如网络上红极一时的"丹丹体""咆哮体""卖萌体""甄嬛体"等。

(3)抓眼。一个话题如何在第一时间抓住别人的眼球?除了标题刺激、内容吸引人外,还有什么?答案是——"以色诱人"。就是插入一张图,这张图可以是美女帅哥图,也可以是美景图,人看到美的东西都有去点击的冲动;但最好是与主题相关的图,也可用相关链接、相关视频、相关音频等作为补充。

但应注意,要保证即使不点开链接也不影响阅读的完整性,读者也能根据其他内容对其中包含的内容范围有一定的了解。企业在选择发布形式时,除了考虑与微博的内容相一致外,还需要考虑目标用户对于不同展现形式的偏好。因为新浪微博的图片需要点开后才能放大,音频和视频内容也需要点击后才能播放,这使得以多媒体形式进行的微博营销与在平面媒体、电视媒体上进行的营销活动有所不同,前者需要吸引用户主动点击,而后者的用户往往是被动接收。此外,微博用户中有半数是通过移动终端登录的,这意味着微博在用户的手机屏幕上展现的面积比报纸和显示器都要小很多,由于受制于信号覆盖和网络速度,用户可能更不愿意点击查看多媒体内容。对于带有链接的文字微博来说,也面临类似的情况。

我们可以发现,大多数的热门微博都是带图片形式的微博,这可能是两方面原因造成的:一是用户偏爱能直观传递信息的图片,二是鲜艳的图片在用户的浏览区域尤其是在手机屏幕上,比普通文字微博占据更大的空间,也更能吸引用户的注意力。

企业必须清醒地认识到,用户不会仔细浏览每一条微博,再好的内容如果不能在 1 秒钟内抓住用户的眼球,就会变成无用功。

从数据分析的角度来看,通过收集目标用户发布微博的时间和频次、使用的终端、偏好转发何种类型的微博等信息,可以很快得出用户的微博使用习惯,帮助企业选择正确的微博展现形式。

(三)对发布微博的最佳时间进行把握

据《中国微博蓝皮书》报告:微博用户访问场景的碎片化也带来了访问时间的碎片化。数据显示,半数微博用户在发微博、转发微博、评论、回复和浏览上的时间很不固定。粉丝较为明显的两个活跃时间段分别是上午 9～12 时和晚上 7～12 时。这两个时段也是转发集中的时段,而评论在下午和晚上较多。

反之,其他时段发布的微博信息大部分可能会出现"空流",也就是说你的微博发布后没有引起关注,被这个时间段的众多微博淹没了。在这种情况下,"转发""评论"这些互动就很难产生,而每条微博下方的"阅读"这一数据也会惨不忍睹。

虽然现在有"好友圈""特别关注"以及各种分组关注的方式,可以减少被太多信息淹没的问题,但前提是挤入互粉好友的名单,挤入用户特别关注的序列——这是我们要努力的一个方向。但是,对于追求粉丝规模大的广播型微博来说,还是需要认真考虑那些不是特别关注自己的众多用户,力争"走过路过"的那一瞥,因此选择与用户相遇的发布时间就很重要了。这里有三招可以帮助你定位发布时间。

(1)跟踪追击。你的用户群是办公室一族的白日活跃用户,是学生一族的晚间活跃用户,还是凌晨一两点还在熬夜斗嘴的夜猫子?了解你的用户群使用微博的时间规律,把互动活动微博放在用户相对活跃的时段,效果就会更好。

(2)定点投放。固定发布某类信息的时间,培养用户的阅读习惯。例如,午夜 12 点常有"报复社会"的各种美女或美食图片发布,引来不少用户习惯性地在这个时间段去收看相关的微博,像杜蕾斯这类企业的微博还专门在午夜档发布各种活动,由于大家都习惯了其活动规律,也就习惯了在这个时间去看。至于 36氪经典的"八点一氪",更是做成了众所周知的定时品牌。

(3)借时借势。就是借特殊的节假日需求或轰动事件的时机,来选择发布相关的信息。说白了,就是"借光"。例如,轰动事件中经常出现发布"同款"衣服、"同款"食品的微博,即使有的不过是玩笑,却成功地引导了关注的流量。例如,"方韩大战"时,韩寒调侃方舟子可以用微波炉看球赛,立刻有淘宝卖家修改了文中提到的同款格兰仕微波炉的信息,并特别标明是"方舟子用来看电视球赛的微波炉",网友们戏称其为骂战中的最佳广告植入。

不过要注意:天灾时刻"借光"要慎重,在这一时刻发布的信息往往会特别受到道德上的挑剔,夸大一点儿讲,后果可能比较严重。

五、微博传播的终极秘籍

有些企业没有接触微博,认为微博上人多嘴杂,风险一定不小,只要不去用它,自然不会引来那么多的麻烦。抱有这种想法的企业还不少,然而这种想法却是相当站不住脚的,那最多只能算是一种掩耳盗铃。无论你用与不用,微博里总有人会提及你。特别是,微博平台上的用户越来越多,微博里讨论你的企业的绝对数量自然会越来越多。你不用微博一定不会知道别人是如何讨论你的,也不会知道自己的企业在别人的眼中是什么样子的,应该朝怎么样的方向去改进、去进步。因为微博的讨论中可能有关于你的企业的负面信息,难道不闻不问任凭人家猜测?对于恶意中伤者难道听之任之？对于误解者难道不解释澄清？当然，微博的讨论也会有用户分享使用你的企业产品的良好体验，但如果你没有看到，那么也无法让对你的企业有利的信息扩大传播面。

仅次于不用就不会有危险的，是跟风建立一个微博，却完全没打算真正用的。随便发几条信息，引起的关注面连圈内人都很少，一旦真是被找上麻烦，甚至说话都没几个人听得见。往少了说这是一半左右的新企业微博的共同心态。即使是定位于备用，也是有必要去了解一下让自己的微博脱颖而出的方法的。

以下就是让微博显山露水的八大秘籍。

（一）清晰定位

只有有了清晰的定位与目标，企业微博才可以在规划各阶段内容及相应的话题分类时有明确的方向，并且在活动策划及互动沟通等环节有可以围绕的核心及明确的目标，从而可以避免在微博营销中出现"只顾埋头拉车，不顾抬头看路"的情形。定位不清则方向不明，那样你的微博里就会出现一些可有可无或莫名其妙的微博或转发和评论。甚至，一些企业微博中有时会出现长时间不发布信息，有时喋喋不休，有时天马行空，有时不着边际的情况。在定位时，至少有两方面的问题需要十分重视：

一方面，微博的功能需要全面认识，只有基本熟悉微博当前的主要功能，才知道可以用微博做什么。另一方面，每个企业都有自己的实际情况及整体定位。企业应该根据企业的整体定位，确定微博在企业营销整体战略中的定位，进而明确微博营销的主要目标——是产品设计、产品售后服务，抑或是产品软形象的塑造？这样才便于进行精准营销的设计。

（二）团队合力

很多企业已经认识到微博的威力，并且已经在理念上有较大的提升，知道信任、分享、互动与口碑传播对当今企业营销的重要作用。然而，许多企业还存在一个误区，认为既然微博那么容易发，随便指派一个人去管不就行了。这忽视了微博营销团队的建设。他们不明白，微博虽微，但"麻雀虽小，五脏俱全"，一样需要良好的营销团队。

这个团队至少需要 3 个人：一个微博图文编辑，一个懂行的营销策划，一个特别了解微博互动特点的主页君。这个团队必须至少具备两大基础：一是有微博的实践经验，深刻了解微博的传播特点；二是了解本行业的基本营销特点，能把营销策划融到微博中去。这个团队应该上通天（和企业高层保持畅通的联系）、下接地（注意观察微博上周边的动态），这样遇到热点问题，包括出现负面攻击，才不会迟迟难以反应。

如果微博营销团队建设不足，其结果就是微博营销严重不到位。下面是比较典型的几种表现：

（1）条条微博几乎都和广告挂钩，使劲吆喝，围观者却极少，转发数、评论数和阅读数都惨不忍睹。

（2）过于不着边际地搞笑和卖萌，或发心灵鸡汤段子，看似转发火爆，但培养出来的粉丝压根儿和你想营销的内容无关，耐受程度极差，一发营销的内容立刻掉粉。

（3）不管不顾环境的变化，哪怕天灾人祸或出现企业丑闻，微博平台吵翻了天，还按照平常的既定套路发微博，被斥为"微博机器人"。

综合能力强的微博营销团队能够掌握微博营销的微妙平衡，用舒适的方式把营销的内容传达给客户，让企业的拟人化微博形象深入人心，这就是微博营销的成功。

（三）真我风采

在当今中国，许多人存在浮躁的心理，反映在微博营销中就是经常想着走捷径，经常琢磨旁门左道，经常想着一夜暴富——在短时间内不花什么大代价就获得超出想象的关注与影响力。所以，秀下限、搏出位，甚至利用热点事件冒名顶替地吸引关注，成为一些急于空手套白狼的人看上的路子。有些想花小钱办大事的人,连稍微正规一点儿的微博广告宣传或者正规的微博托管都觉得花费大了,他们看上了用水军来刷数据的方法,或者花钱买点儿粉丝来填充围观人群,制造出一个自己都无法相信的繁荣。做出虚假繁荣的目的如果是想在外人面前找一份面子,那勉强不算全无用处,但如果不是的话,那简直是花钱自欺欺人。对于真正想搞企业营销的人来说得记住:出来混,总是要还的。这种吹出来的人气,在做不了假的成交转化率面前,会成为吹炸的气球,让你极为难堪。

要相信,一分耕耘一分收获,那些有用的活粉无不是靠真实的努力、花费必要的代价,才一点点圈进来的。一万个虚粉可能还不敌一百个真粉带来的营销效果。一些微博几十万粉丝,互动率却连人家千把个粉丝的都比不上,稍微明眼的人都明白是怎么回事。

所以,做一个真正的你,远离虚假的光环"虽然短期"表现数据不那么好看,但坚持下去,就可以获得真实的营销回报。

(四)守规矩

微博作为一个公众的平台,给了企业和个人很大的舞台去展示自己,但是经常可以在微博中看到一些企业账号的不恰当表现,比如与其他账号针锋相对,或与其他账号恶语相向,或与其他账号形成对攻甚至对骂,或在企业微博中满腹牢骚,或无意中将企业的某些秘密公之于众。这其实是企业微博使用过程中没有规矩的表现。

虽然微博对于企业而言用途很广,可以比较自由地发挥想象力,发布与交流信息,但是这并不意味着企业官方微博、企业高管微博及一般员工微博可以随心所欲地发表任何观点或看法。应该根据企业的特点制定专门的微博使用规范,约法三章。下列原则适合一切企业的微博:

(1)回避机密。应该明确告知微博编辑:谈哪些内容会泄露企业的商业机密,应该回避,包括企业内部一些尚未公开的信息。

当然,出于营销的目的,"悄悄"透露一点儿产品的动态是另外一回事儿。

(2)维护形象。言辞应该文明,符合企业形象,禁止使用粗俗言辞,哪怕是无恶意地调侃用户。即使客户的言辞不文明,也不应该用不文明的方式去反击。维护形象,也包括对一些自己不懂的话题。应该慎重讨论,如果说出的傻话成为经典笑话,那么吸引来的眼球即使很多,也越看越难堪。而对于自己应该懂的话题,更要慎重对待、慎重考证,避免说出不靠谱的话,影响微博的专业形象。

(3)慎对敏感。对于敏感的内容,包括最容易引起强烈反应的重大事件,评论应该特别慎重。某些媒体人随便发发感慨,结果引发众怒,影响到所属媒体,很久都难以消化,这在微博中屡见不鲜。对于一个企业来说,即使非要参与这些重大事件,也必须由微博编辑精心拟稿,字斟句酌,并通过主管的审核,不能当作寻常的微博来自行其事地弹指一发、不顾后果。

(4)善处限制。不同的平台有不同的规则,一些规则未必让人感觉舒服,但是可争议规矩却不可先碰撞规矩,这是平台生存的基本要求。

没有规矩,不成方圆。很"随便"的网络社区,小处也不可随便。熟悉规矩,守规矩,这样才能保证一个企业微博不至于投入一个新平台却因为没规矩而遇到意想不到的麻烦。

(五)用心互动

径自播发消息,不去理会受众的评论,这种纯广播型的微博适合@头条新闻这类纯新闻媒体微博,而企业营销微博却绝对不能如此。因为企业放下身段进入微博,并不是跑到这里来搭建一个传统的信息发布网站而已,与用户零距离地互动才是进入社交平台的初衷。但有不少企业官微却习惯了老套路,要么互动率非常差,哪怕关注的人并没多到无法应对的情况,对待粉丝询问企业相关产品的具体情况,却常常摆出一副官架子,爱理不理的;要么回答倒是极勤快,却过于机器人化:"好的,我会反映的。""我记下了,谢谢您。"然后?没有然后了。有的负面评论不好对付,就干脆一删了之,这样一来,可能不仅争取不到新客户,而且还会气走老客户,甚至开了微博反而导致企业的声誉下降,这种微博"自杀"现象并非少见。这实际上是没能摆脱传统营销习惯的表现,也是操作人员缺乏沟通技巧的表现。

微博比论坛更讲究与客户平等交流,所以,你应该把自己放到客户的立场上去设计互动的场景。就算是使用套路,也应该掌握客户的心理,想出官味儿较少的平等交流套路。最基本的原则就是,在近期内能解决的问题,明确告知客户解决的进程安排,的确是近期很难解决的问题,就真诚地告知客户自己的难处。

你应该相信,大多数客户的心都是肉长的,都是通情达理的。请记住,你把客户当作一个社交平台的朋友去关心,大多数的客户也就会把你当作一个朋友去理解。沟通的目的就是增加理解,消除误解,把危机消灭在萌芽状态。

(六)内外相通

由于一些企业没有专门的微博营销人才队伍,他们选择了将企业微博营销外包。让专业的队伍去负责专业的事,不必事事自己全包,这是合乎经营原则的。但是,外包给别人做,也需要企业内部对微博有一定的了解,这样才能内外相通,让托管的微博实现企业的营销战略目的。

对于托管微博的企业,在托管前应该做的准备至少应该有以下几项:

(1)企业的基本情况及微博营销定位。不清楚自己要干什么的企业,自己去做都会做坏了,何况交代给别人去做。

(2)企业文化的基本理念。这对于设计微博的拟人化风格非常重要,@36氪如果弄成了@碧浪的味儿,那再洗都洗不"干净"了。可能有的中小企业会说:"我以前根本没有什么企业文化理念。"如果是这样,那这就是一个和托管企业一起从无到有地设计企业文化理念的好开端。

（3）提供相关的专业资料。微博是一个互动社交平台,不是光发几条微博而已,因此,提供产品及相关服务必备的专业资料,可以让托管者在与用户互动时不至于像个"门外汉"。不要想当然地觉得自己很熟悉的东西别人也应该很熟悉。哪怕托管者也是业内人士,对你的产品也不一定有你熟悉,所以准备好周边的材料,让冲锋在前的人不至于缺乏弹药,是制胜的关键因素之一。

对于托管的微博,很多企业把三五个月内圈来多少万粉丝当成最重要的考评指标,这是一个巨大的误解。在目前微博总注册人数趋于稳定的时期,除非你这家企业出了丑闻,一下子成为短期内的热点,否则粉丝暴涨几乎可以毫不犹豫地判定为作假。要知道,即使很会卖萌的几个著名的企业微博,做了几年,还经历了微博注册人数高速增长期,也不过几十万粉丝的规模而已。因此,对于本身产品不是太有名的中小企业,如果只是想短期内宣传一下,还不如请大账户做广告。而如果自己开微博,就应该明白:软性的企业形象塑造,建立与用户良性互动的渠道,这是远比直接圈到多少个粉丝更重要的事。

（七）整合营销渠道

世上绝少有通吃的办法,所以单一的营销渠道往往总有些局限性。论坛火了,扑到论坛发帖子;微博火了,丢了论坛玩微博;微信火了,放下微博去做公众平台,这是典型的黑熊掰玉米的做法。而整合多渠道的营销,打造立体的营销网络,才能取长补短,赢得更轻松。

实际上,微博营销的一个巨大优势就是多渠道整合。微博的"博"字充分表现了弱关系圈子的开放特点,利用现在无所不在的微博分享按钮、博客、视频网站、SNS网站、即时通信应用及其他许多线上渠道很容易和微博配合起来,弥补微博本身的一些功能局限。这就形成了一个现象:都说微博已经老了,可是玩了一圈新东西,还是忍不住跑回微博上来搞宣传。是的,论专精,微博很难争过论坛、视频网站、语聊工具、图片网站这些专业户,它的最大营销用处其实就是多渠道信息的聚合。从另一方面来说,做微博营销也不应该局限于微博本身的那点功能和方式,大可根据营销项目的特点,整合其他营销渠道的优势来布局推广方式。目前来说,"微信＋微博"就是一种很不错的复合营销模式,微博的宣传面和微信的精准性可以很好地结合起来,一个用来推广品牌的知名度,另一个用来塑造品牌的知心度。如果现在还有人问:"我需要丢了微博去玩微信吗?"那我可以肯定地告诉你:"不,它们各有所长。"

目前,大量传统媒体,如报纸杂志、广播电视及户外媒体,也已经开通微博,和传统媒体互动、组织线下活动并用多种方式直播的例子在微博也越来越常见。整合营销渠道,实现多渠道同时并发的立体营销,已经不是一个复杂得难以解决的大问题,是微博平台的现在进行时。

（八）多方监控

"感觉不错,怎么结果却不行?"这是很多中小企业经营中的一个误区:缺乏经营的监控体系,决策凭借感觉。而一些很有经验的大企业搞传统经营很规范,很懂监控,但在介入网络平台的时候,往往也抱着轻视的态度:"玩个微博还需要那么复杂,搞什么监控吗?"那我告诉你:"微博营销,监控绝不可少。"

所谓的监控,一方面是对内的,也就是要选取合适的指标对运营的质量进行监控。对于早期的微博平台来说,一个微博的粉丝增量和转评数是评价其价值的较好指标,但对于已经进入人数增长平台期的微博,这些数据已经不足以完全反映一个微博的运营质量;保持粉丝的活跃度,保持骨干粉丝的互动率,是更为重要的衡量指标。

监控的另一个方面是对外的,也就是必须要把微博当成一个客服平台来做。那些重要的信号,如产品需求信号、产品咨询信号、已有用户的良好体验分享信号、已有用户的售后服务请求信号等,也应及时地捕捉。还应制定一定的应对规则来指导微博的运营方向:是控制影响面,还是扩大影响面;是解答、解释或沟通表态,还是必须向企业有关部门报告。

在这里,要提一个很重要的概念:关键词监控。对于一个企业微博来说,关注的上限决定了关注和被关注之间存在巨大的缺口,被动地等待客户找上门来说话,等于放弃了微博平台所提供的海量客户资源。那怎么来解决这种限制引起的矛盾呢?回答是:善用微博的搜索功能,选取合适的关键词,实时留意需要及时反馈的时机,或许你能赢得意想不到的惊喜。

第五章　QQ 与微信传播

近年来,传统媒体的发展日益艰难,其以往的火热发展势头似乎再难延续,甚至成为很多人眼中的"冷门"。然而就在传统媒体风光不再的时候,一个新兴领域却随着互联网的发展而快速崛起,这就是新媒体。本章具体分析了新媒体中的 QQ 与微信等内容,讲述了它们的发展内涵以及推广渠道等。

第一节　QQ 传播

一、QQ 功能分类

QQ 软件具有很多有意思的特色功能,这些功能各有作用,如果利用得当,能够为 QQ 营销提供良好的助力。接下来,我们就来看一看 QQ 的八大特色功能。

（一）多人聊天

在 QQ PC 端中,多人聊天这一项功能还是非常便捷的。在这一功能下,讨论组的任何成员都能顺利加入多人语音,并可实现实时通话。此功能最多可以满足 50 人同时加入通话,并可实现 PC 端 QQ 和移动端 QQ 用户的同步加入,可谓畅聊无阻,免去了开会必去会议室的麻烦。如图 5-1 所示。

（二）分享屏幕 PPT

在我们使用 PC 端 QQ 讨论组发起多人视频通话后,就可以通过"分享屏幕"功能,给组中成员分享全屏或者 PPT 窗口,从而对 PPT 进行演示。当然"分享屏幕"功能不仅能分享 PPT,还可以对 excel、word、视频和网页等不同载体进行分享。这种功能很好地取代了传统投影设备,投放十分清晰,能够有效地提高工作效率。

图 5-1　QQ 的多人聊天

(三)文件近传

此功能可以保证我们在近场传文件时,不需要消耗任何额外流量,节省很多开支。如图 5-2 所示。

当然,实现上述情况的前提,是我们与好友处在同一 Wi-Fi 环境下,或者好友主动接入我们的 Wi-Fi 热点。这样就能在外围看到属于朋友的头像,从而进行传送。

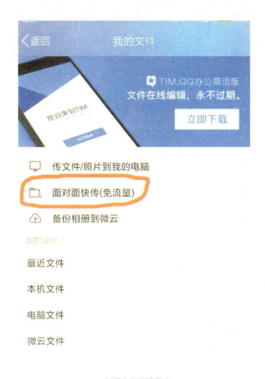

图 5-2　QQ 的文件近传

（四）在线预览

QQ 邮箱具有在线预览的功能，包括 jpg、bmp、jpeg、gif、png、txt、doc、docx、xls、xlsx、ppt、pptx、pdf、rtf、压缩包 15 种格式，都可在邮箱中打开预览，对于办公很是便利。

（五）手机 & PC 文件同步

当我们无意中删除了一些重要的 QQ 发送文件时，可以在QQ 软件点击"头像—我的文件—最近文件"中，找到被删除文件，从而恢复文件。如图 5-3 和图 5-4 所示。

图 5-3　点击头像找到"我的文件"

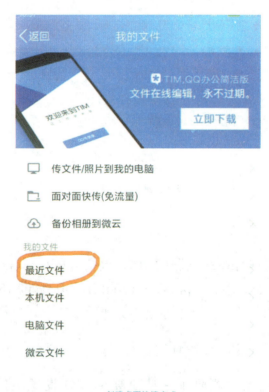

图 5-4　点击"我的文件"找到"最近文件"

（六）文件助手

通过文件助手，我们可以直接将移动端的文件传给 PC 端，并在 PC 端"文件管理器"中查收文件。这样可以免去使用数据线，十分便利省事。如图 5-5 和图 5-6 所示。

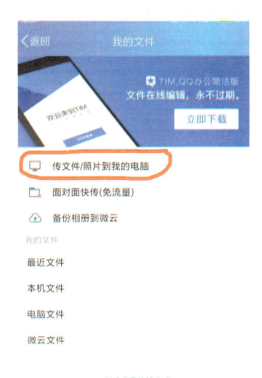

图 5-5　将移动端的文件传给 PC 端

（七）我的收藏

在与客户聊天或在 QQ 空间中阅读文章时，我们可以通过收藏功能，将有用信息保留下来。具体方法是：将文件管理器打开，找到需要导入 QQ 收藏中的文件，选择"分享"，然后在新页面中点击"保存到 QQ 收藏"选项。

然后，我们打开手机 QQ，选择"我的收藏"，就可以看到导入文件。

图 5-6　在 PC 端"文件管理器"中查收文件

（八）语音转文字

有时候，我们不太方便听移动端发来的语音（比如开会），在这个时候，就可利用语音转文字功能，将语音翻译成文字，然后进行查看。

二、QQ 空间传播

（一）吸引流量

在 QQ 空间营销中，吸引流量无疑是极为重要的一步。此处的流量是指 QQ 空间的访问量，而吸引流量则是尽量吸引 QQ 好友访问空间的过程，其中的关键点，便是 QQ 好友数量的多少。

此外,时间、内容等因素,也是影响流量多寡的重要因素。

我们若想做好吸引流量工作,首先要做好周密的数据分析工作。一般来说,需分析的方面主要有以下两个:

(1)固定时间段流量:统计平均每小时、每天、每个月内的流量数据。这是为了随时了解新增流量情况,以便做到随时调整运营策略。

(2)不同时间段的流量:统计早、中、晚等不同时段的新增流量数据。这是为了掌握自身所在的流量状态,并据此采取合适的改进措施。具体吸引流量的方法如图 5-7 所示。

图 5-7　QQ 吸引流量的方法

总而言之,吸引流量的方法还有很多,但是我们最好根据自身实际情况,将某一种方法运用到极致,同时结合其他方法。除此之外,还要在此过程中,始终坚持"内容为王"的基本策略,做好空间内容。只有这样,才能取得良好的引流效果。

(二)打造内容

我们在进行 QQ 空间营销时,内容的打造也很重要,它在很大程度上决定了粉丝对空间的黏度和支持度。接下来,我们就从以下方面来谈一谈内容打造的要点:

1. 说说

我们在发布说说内容时,要以个人见闻、生活感悟、搞笑段子和心灵鸡汤为主,这样能够在很大程度上吸引粉丝注意,从而达到快速收割流量的目的。当然,无论发什么内容,其主旨在于带给别人正能量,这一点需要引起注意。

2. 日志

日志的发布要做到定时定量,一般来说,每天发布 1～2 篇为宜。除此之外,还要重点关注日志的原创性、价值感和排版美观度。尤其是排版,要尽量做到清晰美观,符合大众的阅读习惯,从而获得粉丝的好感和支持。

3. 相册

相册中的内容要以生活照为主,这样做既可以增加粉丝对我们的信任,又可以有效拉近粉丝与我们之间的距离,从而获取粉丝们的好感。一般来说,相册的内容发布也可做到每日更新,这样做可以增加曝光度,取得更好的传播推广效果。

(三)流量转化

当我们获得了足够的流量之后,接下来就是流量转化环节了,因为只有将流量转化为粉丝,才能谈得上之后的变现,否则变现的目标将归于空谈。而若想顺利实现转化的目的,则要为用户提供足够的利益与价值。具体来说,有两点需要引起营销者注意。

1. 不要急于变现

变现当然是我们进行营销活动的终极目标。但在具体的营销过程中,要切忌拿到明面上来说,也不要做出"一切向利益出发"的模样而过早展开售卖行为,因为这样做很容易引发用户的警觉心理,使他们对营销者产生反感、抵触情绪,十分不利于流量转化。

2. 坚持分享

我们要坚持分享有价值的内容。一般来说,可以每天分享一到两篇文章,并要注意内容的实用价值,以及内容与产品、服务的紧密关系,这样长期坚持下去,必然会赢得粉丝的好感和支持,取得出色的流量转化效果,进而实现营销推广目的。

三、QQ 传播案例

（一）小米

小米曾经在发布红米手机时，积极使用 QQ 空间进行营销，这使得其 QQ 认证空间粉丝急剧增长，从 100 万人猛然增加到 1000 万人，最高峰值甚至达到了 80 万人/秒，成功引爆了 QQ 空间，创造了一个营销奇迹。

小米的成功，与其强大的场景构建能力息息相关。在小米与 QQ 空间的合作中，它构建了两个创新性场景，具体如下：

1. 签到红包

签到红包设立在 QQ 空间的 APP 上，用户在签到界面中点击"签到"，然后通过点击"签到有码咯"发表签到，就可以从 QQ 空间中收到红米 note 的预约码，此举是为了适应手机用户行为习惯而进行的场景化试验，取得了很好的吸粉效果。

2. 信息流广告

信息流广告指的是根据用户的行为和偏好特点，进行详细分析，然后向用户推送具有针对性的广告。这种做法使广告成为有用信息，避免了广告骚扰现象的产生，是一次将广告融入移动社交场景的有益尝试。

总而言之，小米通过构建具有针对性的场景，与 QQ 空间进行了很好的合作，满足了不同用户的需求，从而取得了良好的营销效果。

（二）QQ 音乐

QQ 音乐是一款较为常见的听歌软件，它被广泛应用在移动

端和 PC 端,成为很多人听歌的第一选择。QQ 音乐的流行原因
有很多(见图 5-8),主要有:

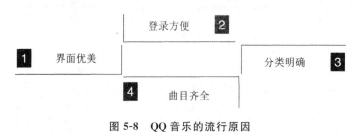

图 5-8　QQ 音乐的流行原因

(1)界面优美。QQ 音乐的界面风格清新亮丽、美观大方,尤
其当我们使用大屏打开该软件时,会给我们带来很强的视觉冲
击,让我们在使用时心情很愉快。

(2)登录方便。QQ 音乐可以使用 QQ 号直接登录,这就省下
了注册账号的麻烦。此外,在我们成功登录之后,能够在"我的音
乐"中同步移动端和 PC 端的音乐,十分方便快捷。

(3)分类明确。QQ 音乐中的项目分类清晰明确,具有电台、
排行榜、MV、搜索等不同功能,我们可以根据需要,对这些功能进
行选择使用,从而找到我们喜欢的音乐。

(4)曲目齐全。QQ 音乐中的曲目很多很全,能够满足绝大多
数用户的听歌、找歌需求。此外,QQ 音乐中还有很多正版音乐,
这一点能够满足对正版具有偏好的用户需求。

第二节　微信传播

一、微信传播的内涵

(一)分类定位

1. 平台定位

微信公众平台有两种类型:订阅号和服务号。因此,在进行
微信传播时,我们应根据产品的特点,来选择适合的公众号类型。

微信的订阅号和服务号各有以下特点(见表 5-1):

表 5-1　微信的订阅号和服务号的特点

特点	订阅号	服务号
功能	推送信息与资讯	提供服务
优点	每天可向用户发送 1 条信息	可直接将消息推送到用户的聊天列表中,可通过自定义菜单为用户提供服务
缺点	不可直接将消息推送到用户的聊天列表中,没有自定义菜单	1 个月只能向用户发送 4 条消息
适用对象	企业、公司、组织、机构、个人等	企业、公司、组织、机构

在 2013 年 8 月 5 日之前注册的订阅号,有一次机会可以升级为服务号。一旦将订阅号升级为服务号,微信公众号的类型便不可再改变。

升级微信公众号主要有以下两种方式:

(1)在账号信息中升级。登录微信公众平台,点击"设置"—"账号信息",即可进入信息修改界面。在信息修改界面中点击"升级为服务号",选择"服务号",点击"确认",即可将订阅号升级为服务号。

(2)在系统公告中升级。登录微信公众平台,点击系统公告,选择"服务号"选项,进入页面后,选择"服务号",点击"确认",即可将订阅号升级为服务号。

2. 用户定位

在进行微信传播时,要对自己的目标用户进行定位,了解自己的用户,了解他们的需求,做到知己知彼,可以使产品得到更好的推广。那么我们该如何对用户进行定位呢? 可以从以下几个方面做起(见图 5-9):

图 5-9　如何做用户定位

（1）找准用户群体。在销售产品时，要根据产品的特点来选择用户，也就是说，目标用户的特点应该与产品的特点相适应。例如，当产品为"训练性跑鞋"时，目标用户应该是有训练需求的用户群体，例如运动员等。

（2）确定用户群体活动范围。不同的用户群体可能会因为性别、年龄、职业等，在新媒体平台上的活跃范围也不同。例如喜欢文艺作品的人会在豆瓣上比较活跃，"90 后"群体在微博、微信、知乎等平台上比较活跃。

（3）了解用户的兴趣爱好。分析用户的兴趣爱好，可以更有效地抓住用户的痛点，以便企业进行针对性的宣传。

（4）了解用户的需求。用户有需求，产品的营销才有市场。如果企业能为用户提供满足其需求的产品，那么产品的成交率将会大大提高。例如，在进行服装营销时，用户的需求是高品质的服装，那么商家就不要销售低价位的服装来拉低品牌的档次。

3.服务定位

为用户提供优质的服务更能提高用户的关注度，因此，我们应做好微信账号的服务定位。通过分析用户的需求来完善提升服务质量。微信上的"自定义菜单"就可以很好地提升微信公众号的服务。那么，我们该怎样打造"自定义菜单"，为用户提供良好的服务呢？

（1）分类。"自定义菜单"可以设置 3 个一级标题，每个一级标题下又可以分为 5 个二级标题。在设置功能时，要把大功能设置为一级标题，大功能下的子功能要设置为二级标题，这样菜单的功能便能做到主次分明,更便捷地为用户提供服务。

(2)标题。一个醒目的标题对于"自定义菜单"的服务可以起到画龙点睛的作用。"自定义菜单"的菜单栏很窄,因此一级标题要精练、准确,以便用户可以直接找到功能;二级标题则可以适当地增加趣味性,来吸引用户的注意力。

(3)内容。"自定义菜单"的内容要有价值,才可以增加用户的活跃度并深受大家的喜爱。可以利用"自定义菜单",为用户提供官网链接、支付、查询等服务,方便用户使用;也可以设置一些诸如游戏、签到有奖等活动,提高用户的活跃度。

(二)优质内容

1. 标题写作

用户在打开微信公众号时,首先看到的就是标题。标题的好坏直接对用户是否阅读文章起着关键作用。只有标题写得够精彩,用户才更有可能阅读文章的信息。那么,我们应该怎样编写标题呢?方法如下:

(1)开门见山法。开门见山法就是标题直接点明文章的内容。如"××小妙招""××最全旅行指南""××集锦"等。

(2)热门话题法。热门话题法就是指标题要与热门话题结合起来,如"舌尖上的××""××去哪"等。热门话题往往能引起人们的共鸣,更容易激发人们的阅读兴趣。此外,还可以结合热点资讯来编写标题,可以起到同样的效果。

(3)流行词汇法。流行词汇法就是指用流行词汇作标题。一般来说,流行词汇的覆盖面比较广,用来作为标题更容易引起广泛传播。用流行词汇作标题,一来可以点明主题,二来能够抓人眼球。

(4)设置悬念法。设置悬念法就是指文章的标题要带有疑问性。人们往往对存在疑惑的事物比较感兴趣。当标题比较有悬念时,往往会勾起人们的好奇心。如"××是真的吗""××不为人知的秘密"等。

（5）打破常规法。打破常规法就是指标题的话题别具一格，破除常规。如"××竟然是错的""××最新发现"等。如果能加上感叹号、问号，更能带来震撼效果，引人关注。

除了以上 5 种方法以外，标题的字数要适中，通常在 10 个字左右。千万不要做"标题党"，否则用户会感觉自己被欺骗了，这样不利于微信公众号的长期推广与发展。

2. 内容写作

微信公众号的核心是文章的内容，只有内容质量足够好，才能吸引更多的用户。那么我们应该怎么进行文章的内容写作呢？我们可以从以下几个方面着手：

（1）主题。文章有了明确的主题，能形成更清晰的文章脉络，让人们更能理解文章的内涵。在写文章时，要明确文章的主题，如亲子主题、情侣主题、电影主题、旅游主题等。

（2）正文。在写文章的正文时，要遵循"虎头豹尾"原则。一般来说，正文的内容不能太长，文章的开头最好能点明主旨，文章的结尾要有力度与深度。人们在看文章时也往往对文章的首尾印象比较深刻。

（3）亮点。一篇文章要有亮点，才能更吸引人。文章要体现亮点，就需要契合用户的心理需求。公众号可以结合时事热点和用户的反馈信息进行消息推送。例如，如果是关于美妆的公众号，可以在夏季来临时提供实用的防晒品等信息。

（4）风格。公众号的用户不同，那么文章的内容也应该不同。如果用户需要的是实用性比较强的信息，那么文章的风格可以是互动型和促销型，能给人们带来更多实惠；如果用户需要的是知识性比较强的信息，那么文章的风格应该是专业型和信息型，能让人们了解更多知识；如果用户需要的是带有感情色彩的信息，那么文章应该是娱乐型和情调型，让人们更加放松。

3. 图文编排

在进行微信公众号的图文编排时要多多注意细节,最好能给用户带来好的体验。

在用图编排方面,要注意以下几点:

(1)首图最好按照 720 像素×400 像素来设计,比例要适中,否则会造成图片压缩变形。

(2)选择点击率比较高的图片。例如,热门事件图片、明星的图片等。

(3)精心手绘的图片比一般图片效果更好。

在文字编排方面,应该遵循以下原则(见图 5-10):

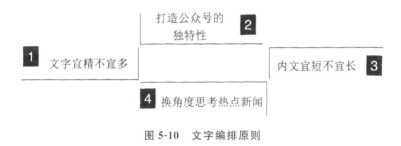

图 5-10　文字编排原则

(1)文字宜精不宜多。相较于数量来说,人们在读文章时往往更注意质量。一篇文章如果足够优秀,可以在朋友圈不断地传播。手机的屏幕面积是有限的,如果推送的文章条数太多,有时会引起用户的抵触。一般来说,一篇主文搭配两到三篇主文的效果较好。

(2)打造公众号的独特性。在进行图文编排时,最好是原创,不要一味地抄袭模仿他人。公众号要有自己的特色,用心对待自己的输出信息,才能更好地增加用户对公众号的信赖。

(3)内文宜短不宜长。大部分人都是利用碎片化时间来阅读微信的文章,长篇大论的东西会读不下去,因此文章的内容宜短不宜长。文字内容在 800～1000 字左右,搭配 3 张图片为佳,另外图片大小最好要控制在 50 k 以下。

(4)换角度思考热点新闻。热点新闻非常容易引起网友的关注。借助热点事件,以独特的角度来阐述热点新闻,可以借势推动公众号的传播。

4. 点缀装饰

风格色彩不同的公众号,带给人们的视觉效果也是不同的。如果微信公众号经过点缀装饰具备了独特或者良好的风格,会更吸引人们的注意。那么我们该从哪些方面对微信公众号进行点缀装饰呢(见图 5-11)?

图 5-11　如何对微信公众号进行点缀装饰

(1)设置功能介绍。粉丝在关注微信公众账号时,第一印象来自微信账号的功能介绍。功能介绍的内容可以采用关键词和功能定位,以简练的语言来突出功能的亮点;也可以将账号名称加入其中并带上一定的感情色彩,让介绍变得生动有趣;还可以写上实惠的服务与有趣的互动来吸引人们的关注。

(2)设置欢迎语。当人们关注微信公众号后,会收到账号发来的欢迎语。设置一个具有吸引力的欢迎语能给用户留下更好的印象。我们该如何设置欢迎语呢?首先,要将礼仪放在第一位,让用户感到自己被尊重;其次,要体现账号对用户的服务内容,树立实用性的形象;再次,要借助欢迎语来增加与用户的互动次数,拉近彼此的距离;最后,要设置关键词导航,增加用户的活跃度。

(三)维系用户关系

1. 确定平台风格

不同类型的营销产品,目标用户也不同,微信公众账号的平台也不同。确定适合目标的平台风格,可以更好地抓住目标用户

的痛点,吸引更多的目标用户进行关注。微信的平台风格主要有以下几种:

(1)促销互动型。这一类型的平台主要用来进行促销活动,比较适合稀缺用品或者生活必需品,例如代购类商品、男性用品、日常必需品、快销产品等。需要注意的是,促销频率要适当地降低,这样才能更吸引人们的注意。

(2)信息播报类。这一风格的平台,主要通过发布重要的新闻、热点信息来吸引人们的关注。使用这种风格的平台,需要注意信息的重要性,除非是需求面比较广的信息,如上新、预售、抢购、拍卖等,尽量少推送消息。

(3)专业知识型。发送一些专业型的知识,可以提高用户的接受度。用户在接受专业信息的同时,会对账号产生信赖感。这种平台风格适用于户外、母婴、成人、电器、家具、内衣、保健、汽配类目商品。

(4)幽默搞笑型。诙谐幽默的平台风格,可以在轻松愉悦的氛围中拉近与用户的距离,从而促进销售额。这一风格比较适合成人商品、情侣礼品等。

(5)关怀互动型。这一风格可以为用户提供发货提醒、生日祝福、互动小游戏,发放优惠券等,让用户感受到商家的体贴与关心,从而增加用户的忠诚度。多用于维护老客户。

(6)文艺小资型。这一风格的账号可以发送散文或者诗词,塑造品牌的高品位形象,来吸引文艺青年的关注。多用于窄众类商品和外贸原单类商品。

2. 及时回复提问

与用户进行良好的沟通可以吸引更多粉丝。当用户提出问题时,我们应该及时回复。那么我们应该怎样来回复用户呢?一般来说,回复用户有两种方式:自动回复和人工回复。

(1)自动回复。在设置自动回复时,可以从以下几方面来着手:①针对性。在设置"关键词自动回复"时要有针对性。在编写的过程中,大家要全面发掘公众账号的特点,将关键词与特点相对应以便为用户提供针对性服务。

表5-2　常见自动回复

自动回复	内容
被添加自动回复	当新用户关注公众号时弹出的"欢迎语"
消息自动回复	当用户向微信公众账号发送的信息不包含关键词时收到的消息回复
关键词自动回复	当用户向微信公众账号发送包含关键词的信息时收到的自动回复

②独特性。微信公众账号具有自己的特色,才有机会引起更多用户的关注。同样,自动回复也要具备自己的特色。③趣味性和实用性。自动回复要有灵气,不要太过死板和生硬。可以采用幽默的语言来回复顾客,也可以运用实用功能来进行回复。总之,自动回复不要太机械,要带有一定的感情色彩。常见自动回复见表5-2。

(2)人工回复。除了自动回复,我们还可以进行人工回复。人工回复可以更好地满足用户的需求,但服务人员较少而询问用户较多时,可能会导致互动延迟。人工回复尽管带有一定的局限性,但它更具有感情色彩,可以更好地发挥功效。那么,我们在进行人工回复时要注意哪几点呢?①专业性。人工回复的客服人员要具有一定的专业性,专业知识的储备要到位,这样才能让客户觉得可靠、权威。②亲和力。在进行人工回复时要具有亲和力,服务态度要好,要让用户感觉是在和有感情的人对话,否则的话则与冷冰冰的机器无异了。③执行力。在进行人工回复时要具有执行力。也就是说,当人们向公众账号提出问题时,要及时、快速地给出解决方案,从而增加用户对公众号的好感度。④洞察力。当用户只是为了聊天而不是解决问题时,客服要善于从聊天内容中发现问题,发掘潜在的新用户,这就需要有很强大的洞察力。客服可以将互动和服务结合起来,积极地引导用户谈话,从而提升人工回复的效率。

3. 定期开展活动

定期开展微信营销活动不仅可以将自己的产品销售出去，还可以通过粉丝增加产品的曝光量，同时还可以使"僵尸粉"对产品重新了解，提高品牌知名度。那么，我们该怎样进行营销活动呢？

(1)发放有吸引力的奖品。在开展活动时，发放一些比较有价值、有创意的礼品，人们肯定会因为从众、贪小便宜等心理，关注微信公众账号，从而增加微信公众账号的关注度。

(2)考虑活动周期和人群特征。在进行微信营销活动时，活动的设计要符合目标人群的特征，活动周期也要适中，以便获得更多的关注。

(3)活动流程简单。在进行活动时，活动的流程要足够简单，用户体验要好。如果活动的流程过于复杂的话，人们可能会失去耐心。

(4)确定活动时间。一般来说，晚上推送活动优于早上，早上推送活动优于上午和下午。因为早上和晚上用户的碎片信息更多，查看微信信息的人也就比较多，这样就能使更多的用户参与到活动中来。

二、微信推广渠道

(一)小号带大号

小号，就是指个人的普通微信号，大号则是指微信公众号。小号带大号，也就是通过个人微信号来推广微信公众账号。那么该怎样增加小号的粉丝来推广大号呢？

1. QQ好友导入

在进行微信营销时，也要有相应的QQ号，来添加目标用户。

将 QQ 号上的好友集体导入到微信好友中,每天发布相应的信息引发转载,可以快速地推广微信小号。

2. 通讯录好友导入

将通讯录中的好友导入到微信号中,发布他们喜爱的信息,通过转发后增加粉丝量。

3. 线下活动导入

在进行线下活动时,以扫描二维码的方式让大家添加微信参与活动,从而增加粉丝量。

当小号的粉丝量增加到比较大的数量时,便可以适当地发布微信公众账号的信息,来使大号得到推广。

(二)二维码推广

1. 借助互联网平台推广

能使二维码曝光率增加的平台有很多,如微信朋友圈、官方网站、论坛、微信营销导航网站等。其中的一些互联网平台是免费的,创业者或资金有限的小商家可以利用这些平台来进行二维码的推广,既经济,又实惠。

2. 借助传统媒体推广

对于有经济实力的企业,可以通过传统媒体来进行二维码推广,例如电视广告、杂志广告、公交站牌等。虽然会产生一定的广告费用,但对于经济实力比较雄厚的企业来说,这些资金投入应该不成问题。

3. 借助实物推广

我们可以把二维码印在水杯、衣服、扇子、实体店墙面等物品上,也可以印在广告单、宣传册、名片等上面。利用小成本的实物,将二维码推广出去。

（三）摇一摇

微信上有个功能"摇一摇"，在用户摇动手机时，会与同时摇动手机的人进行自动匹配。自动匹配的人可能远在天边，也可能近在眼前。微信营销可以利用摇一摇激发人们的好奇心，提升产品的曝光率。那么我们在使用"摇一摇"时，要注意哪些方面呢？

1. 创意性

微信的"摇一摇"本身就有游戏性，因此在活动中应该更好地融合创意，让人们积极地参与到活动中。参与活动的人越多，产品的曝光率才更高。

2. 实用性

"摇一摇"活动除了要有创意外，还得具有实用性。大家可以在"摇一摇"的信息中加入打折、满减等优惠信息，人们因为优惠的吸引积极加入到活动中，从而可以提高产品信息的曝光率。

（四）漂流瓶

微信中有一个"漂流瓶"的功能，借助这个功能，我们可以将产品的广告信息推广到很远的范围。那么，我们应该怎么做呢？

1. 文字内容要吸引人

大家在使用漂流瓶时，通常发送的是文字信息。在用漂流瓶推广文字信息时，文字的内容给用户带来利益或者能满足他们的需求。另外，在体现产品的亮点的同时，可以发布一些"关注我们，可获得免费好礼等字样"，来增加粉丝的关注度。

2. 使用语音信息

当人们捞到带有语音信息的漂流瓶时，往往会很好奇语音内容是什么，就会点开语音信息。这样就可以增加产品信息的曝光率。

3. 注重互动性

漂流瓶没有地域限制,在进行投放时可以投放到不同的地区,让更多人参与到互动中,进而增大产品信息的推广范围。

4. 成功范例

招商银行曾通过"漂流瓶"发起了一场慈善活动。微信用户只要捡到招商银行的瓶子,就可以通过关注招商银行微信公众账号来参与"小积分,微慈善"活动,向自闭症儿童奉献自己的爱心。与此同时,招商银行还在漂流瓶中加入了语音游戏,大大地提高了人们参与其中的积极性。通过这次活动,招商银行在人们心中树立了良好的企业形象。

招商银行的活动没有直接展示产品的信息,而是以"爱心+互动"的方式来吸引人们的注意力。但是在活动中"小积分"也间接地向人们展示了产品信息。语音游戏也加强了用户与企业的互动,让企业的形象更有亲和力。

(五)合作互推

所谓互推,就是指相互推荐。在资源对等的情况下,进行互相推荐,是一个使微信公众号涨粉的安全且有效的方法。互推的方法主要有以下3种:

1. 多人互推

多人互推,就是指将多个公众号的负责人联系在一起,加入同一个微信群,然后将各个公众号的简介、二维码、后台粉丝数、阅读数等账号信息整理到同一篇文章中,标题一般都带有"××都在看的公众号"等字眼。接下来将文章发布到各个公众号,就可以完成多人互推。

2. 一对一互推

多人互推的文章中由于二维码比较多,阅读者可能会丧失对文章的阅读兴趣,导致账号推广不够好。这时就可以采用一对一的互推方式了(见图 5-12)。

图 5-12　一对一互推方式图

(1)找到合适账号。首先,不能和竞争对手进行互推。其次,可以在微信里搜索和自己账号类似的账号。例如,如果微信账号是面向女性用户的,则可以多搜索一些有关情感、美妆、服装搭配等女性喜欢关注的微信账号。查看这些账号的头条阅读量,如果与自己的账号阅读量比较接近,就可以与这些公众号取得联系,进行互推。一般可以在自定义菜单里找到联系方式,也可以直接通过微信后台进行交流。

(2)判断账号质量。可以使用“新榜”平台来预估对方账号的粉丝数和综合评分。如果搜索不到对方的账号,则可以私下多观察几天,查看对方的账号阅读量是否与自己的相匹配。

(3)粉丝不对等解决方法。当实在找不到与自己的账号对等的公众号时,可以与粉丝数不对等的账号进行沟通协商。如,粉丝数比较少的账号可以隔天多推送一次。

(4)制定互推规则。互推者可以进行协商,制定相应的推送规则,如,可以规定对方在推送信息的第二条或者第三条,发送带有自己账号二维码的文章。

3. 朋友圈相互推荐

当互推的账号朋友圈中人数都比较多时,可以相互在自己的朋友圈对微信账号进行推广,也就是让对方的好友关注你的账号。

其实,账号合作互推的重点在于资源的等价交换,我们运用这个思路,举一反三,采用适合自己的方法让账号得到推广。

（六）微信圈

微信群是吸引粉丝、发掘潜在用户、开展营销活动的一个重要平台。如果能做好微信群，既可以提升品牌的知名度，也可以实现利润的增长。那么，我们该如何养好微信群来不断吸引广大用户的持续关注呢？

1. 设置欢迎语

当用户刚加入微信群时，往往会产生陌生感和紧张感。这时，可以设置欢迎语，如"欢迎××进入我们这个大家庭"等。这样一来可以消除新用户的紧张感，二来可以增加新用户对微信群的好感度，从而提升微信群的活跃度。

2. 制定群规则

俗话说："没有规矩，不成方圆。"制定一定的微信群规则，并使群成员遵守规则，有利于微信群的健康发展。制定群规则时，一方面可以在用户加入微信群之前就建立群规则，另一方面可以每隔一段时间在群中发布群规则，以巩固用户对群规则的印象。

3. 打造群文化

在互动流动性特别强的互联网时代，仅仅只靠共同利益来连接群成员是远远不够的，还应该树立群成员的共同理念和追求，打造积极向上的群文化，才能让微信群长久存在下去。

4. 增加实用性

用户在加入微信群时，往往是抱着学习知识、拓展社交关系、了解新鲜资讯的目的。因此，微信群若想壮大起来，就需要尽量满足群成员的这 3 种需求，为群成员提供干货、互动活动、新闻资讯等内容。

5. 更改群名称

微信群的名称如果长期不变,容易造成群成员的审美疲劳,使微信群的活跃度降低。所以每隔一段时间,可以将群名称进行更换,使群名称更符合自己现有的特点。这样可以激发群成员的兴趣,提高微信群的活跃度。

6. 删除无效成员

在微信群中,无效成员通常有以下特点:东拉西扯;万年潜水;传播负能量。微信营销者需要定期清理这些无效成员,才能使群内的氛围变得更为活跃、积极、向上。

7. 制造新噱头

在运营微信群时,可以适当地制造一些新噱头,以达到吸引人眼球的目的。这样可以激发群成员的兴趣,引起群成员的广泛议论和关注,从而提高群的活跃度。

(七)活动推广

微信中有很多充满趣味性和新奇性的特色活动,如果我们能够结合实际,利用这些活动来推广自己的产品,可以使更多粉丝转化为消费者,提高经济收益。

精彩活动→小测试→小游戏→抢红包

1. 开展精彩活动

微信平台中有很多有趣味、有特点的活动,这些活动可以很好地引起粉丝们的关注。

2. 利用小测试

在微信公众账号发布内容时,可能会出现读者太少或者评论太少的现象,这就可能会导致粉丝取消关注。这时,可以适当地发布一些趣味小测试,来吸引人们的关注。关注账号回复关键词可以查看答案。这样可以引发更多的用户来关注微信账号。即使用户关注后又取消关注,也还是很好地宣传了公众号。

3. 开发小游戏

在微信平台上,微信小游戏娱乐性比较浓重,受到广大用户的青睐。因此,我们可以通过开发小游戏来对企业和公众号进行推广(表 5-3)。

表 5-3 开发小游戏推广公众号

类型	内容
娱乐性	只有娱乐性够强,才能吸引更多的人参加到其中。比如,全面打飞机小游戏
无声植入	在微信游戏中的广告要在无意间插入,不要太过于露骨,否则会引起人们的反感。比如澳贝婴幼儿玩具就潜移默化地将广告植入到澳贝砸蛋小游戏中
充分利用大数据	唯品会推出摇一摇抽奖活动,就是利用了唯品会官网微博的大数据,吸引了两万粉丝关注唯品会的公众账号

4. 开启抢红包活动

2016 年春节,支付宝成为了猴年春晚的唯一合作平台。通过"咻一咻"活动,使得抢红包不再只是微信的专利,支付宝也由此吸引了大量用户。这从侧面反映了"抢红包"的火热。因此,微信账号在进行活动推广时,可以适当地采用"抢红包"的方式来进行,以吸引更多的粉丝。

5. 社区推广

具有共同爱好的群体聚集在同一个兴趣圈,就会构成一个社区。由于在社区中大家的兴趣爱好比较相似,所以彼此之间更容易建立信任感。在进行社区推广时,要注意以下几点:

(1)打造良好的社区文化。一种良好的社区文化可以使成员在这个群体中获得良好的用户体验,进而增加对社区的依赖度。

（2）设置受欢迎的群名称。受欢迎的群名称，可以让群员感觉到自己处在一个和谐、美好的环境中，可以增加粉丝的黏性。

（3）定时清理无关人员。对社区中长时间不说话或者是违规的成员进行定时清理，以便为社区加入新成员提供方便。

（4）适时组织活动。可以组织线上或者线下交流，使成员间产生思维上的碰撞，拉近彼此的关系。

三、微信营销推广

对于微信朋友圈这一新的营销方式而言，还处在探索和发展阶段，还没有形成完全成熟的、系统的理念，因此在这一营销过程中错误的认识和做法在所难免。本节将对微信营销的误区从 8 个方面进行具体描述，希望后来者引以为鉴。

（一）不注重粉丝的质量

粉丝是实现营销目标的重要支撑，他们是精准营销的重要目标客户群体。从目前来看，在微信的营销生态圈层中，粉丝是其中不可或缺的组成元素，具有巨大的营销价值。

基于粉丝的作用，一些企业或商家盲目地重视粉丝的数量，而忽视粉丝的质量，走入了营销的认识误区。

数量是与质量相对的，当偏向于某一方时，就失去了平衡，更何况在微信营销中，粉丝的数量是受限制的。

（二）不了解互动的形式

企业由于对互动形式不够了解，在微信营销时常常会忽视与粉丝的互动，从而错过一些营销机会。对于企业而言，假如只一味加粉，而忽视与粉丝的互动，其最终结果只能是错失粉丝的价值利用。表 5-4 所示为企业与粉丝互动的意义分析。

表 5-4　企业与粉丝互动的意义

意义	目的
增进了解	更好地挖掘客户的价值
增加信任	
让更多的粉丝成为目标客户	
让更多的客户为企业信任背书	

进行互动的条件是真诚,这就使得机器人陪聊的互动是不可取的。综上所述,关于微信粉丝的问题,需要端正态度,予以正确对待,主要表现如表 5-5 所示。

表 5-5　互动注意事项

注意	方法
加粉不如互动重要	挖掘粉丝和客户价值方面
强调精准的客户群体	归集实体店推广中的客户
	归集到访企业网站客户
	重视老客户的转化
加粉不如删粉	让更多的客户为企业信任背书

(三)错误理解微信 APP

在微信营销中,微信公众平台有着举足轻重的地位,其中订阅号的作用更是不容忽视。微信订阅号一般都具有强大的媒体发布功能,因此,它聚集了大量的阅读用户群体,从而形成了强大的社会影响力。

尽管订阅号具有如此强大的功能,然而,过度信任,就会陷入信息轰炸的泥淖之中,最终会影响账号空间的发展。因此,企业或商家首先应该认清其基本事实。企业或商家应该改变盲目相信微信订阅号的理念,改变运营策略。

（四）微信消息的推送

在微信朋友圈营销中,部分人认为刷屏就能卖东西,且刷得越频繁效果就越好。但其实这种过度推送微信消息的想法是错误的。在这一服务插件中,成交的最确切基础来自好友的信任。这也是运营和发布朋友圈信息的目的所在。

因此,在微信朋友圈里刷屏并不一定能够卖东西,它需建立在一定的互动沟通和情感、信任的基础上。只有这样,成交才能发生。走出刷屏认识误区的同时,还应该注意适度与目的的问题。

（五）微信内容的编写

微信朋友圈营销,在经营好客户关系的同时,还要特别关注一个问题,那就是营销的前提——产品质量。而这个问题容易被企业或商家在微信朋友圈的产品信息推送中忽略。很多微信运营者为了尽快地完成工作内容,甚至会随意地编写微信内容。很明显,这样是不正确的,对微信营销毫无帮助。

产品质量是提升客户满意度的最基本的问题。只有产品质量经得起考验,才能在微信朋友圈营销互动过程中提升客户体验。因此,企业或商家推送的必须是好的产品,而其中的"好"必须满足两个方面的要求,即产品的内部质量要求和外部客户对质量的需求。

1. 产品的内部质量要求

产品的内部质量要求是产品本身所拥有的使用价值的体现,基于营销过程而言,其包括特点、优点、案例、证据 4 个方面的内容。

2. 产品的外部客户需求质量满足

产品的外部客户需求质量满足是针对客户朋友而言的,是指

产品所能提供给客户的,并且可以解决客户需求痛点的特性,其具体要求主要包括以下 3 个方面:

(1)提升客户体验。

(2)让客户参与到产品的设计中。

(3)实现产品的快速更迭。

第六章　其他传播媒介

传播媒介是一个为了满足网络用户(大多数或特定的)对于信息与服务的不同需求而产生的信息共享的网络枢纽。在这个枢纽中,用户为了相同的目的——获取信息而来,又为了不同的目的而去。

第一节　二维码

一、二维码基本功能

二维码是目前较为常见的一种营销工具,具有很强的营销传播功能,很多商家都在利用二维码,进行信息获取、广告推送、优惠促销等活动。图 6-1 为二维码的基本功能。

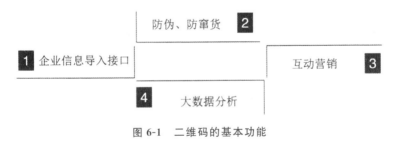

图 6-1　二维码的基本功能

(一)企业信息导入接口

二维码是线下与移动互联网的重要连接点,通过线下扫码,消费者可以得到企业产品的详情信息、文化展示信息和生产检测信息,从而使消费者对品牌和产品形成良好印象。此外,通过扫码,可以将消费者聚集到线上平台,便于企业开展精准、低成本和快捷的广告推送工作。

（二）防伪、防窜货

防伪是指通过扫码，对产品信息进行有效监测，从而判断出产品的正伪。这种检测方式具有更为便捷、用户体验性更好的优势；而防窜货（窜货指经销商不顾制造商长期利益和商定好的经销协议，私自对产品进行跨区域降价销售的行为）则是指通过扫码，查询产品的出入记录，追溯产品的具体流向，从而达到防止恶意窜货、提醒厂商和管理者注意违规行为的目的。

（三）互动营销

通过扫描二维码，企业可以将客户引流到企业的线上平台（如公众号）上，从而展开一系列的互动营销活动。例如，有奖促销活动、用户评价反馈活动、电商引流活动等。这些活动可以起到很好的引流传播效果，使企业更好地了解客户需求，从而做到对经营策略的调整和优化。

（四）大数据分析

根据用户的扫码信息，我们能够对产品的具体流向、消费者的活跃度情况、经费数额以及促销到达率等数据做到详细了解。而在用户扫描二维码之后，还会留下不少与自身相关的数据，如用户收入水平、扫码地点信息、反馈信息等。上述信息和数据可以成为企业经营的重要参考，便于企业的后期优化管理工作。

此外，在活动期间（优惠促销活动等），二维码能够对扫码分布、扫码量和转发量等重要数据进行有效记录，便于企业掌握活动期间的各项数据和具体实施效果。

二、二维码的设计要素

随着移动互联网的不断发展，二维码开始得到广泛应用，这种情况的出现，在很大程度上加强了线上与线下的联系，为移动互联网服务的落地提供了重要保证。如今，我们在海报、杂志、报纸、电梯间等处,到处都能看到二维码的影子。

　　然而,二维码本身却不是那么讨喜,单调的黑白格子形式,也很难引发用户的关注和扫码。那么,我们应该如何做,才能有效地改变这一情况呢?答案就是改变二维码的外观,使其更具有创意性(见图 6-2)。

图 6-2　二维码设计的创意性

(一)创意性

1. 色彩缤纷法

通过色彩进行配色,创造出二维码的不同配色效果,是一种很好的创新办法,容易引发用户的关注和兴趣。例如,采取多个色相、使用色彩渐变法等。需要注意的是,这种方法要结合产品、企业品牌、活动特质等元素,如此才能获得出色的营销传播效果。

2. 局部遮挡法

将宣传主题的核心元素(人物、动物、图形等)融入二维码中,造成适当遮挡的局面,可以构成较为时尚的整体构图,从而达到吸粉吸睛的目的。

3. 中心替换法

将二维码中心的方块图形换成一个具有引导意义和诠释意义的图形,往往能够使用户弄清二维码的真实意义,从而收到较好的传播效果。例如,很多企业将自己的 LOGO 放在二维码中央,微信的二维码名片中间则放置用户头像。

4. 环境嫁接法

这是一种将外界元素与二维码进行巧妙融合的办法。具体做法是通过简单结合和上下渐变融合,达到彰显创新性的目的。例如,某些明星将自己的半身像放置在二维码的上端,创造出一种明星与二维码渐变融合的形象,从而吸引粉丝关注。

(二)传播性

二维码的一个重要特点,就是改变了以往令人反感的"信息轰炸"模式,创造了一种"等你来扫"的全新模式,这就给予了用户充分的选择空间,让用户可以主动选择营销信息,从而提高了用户的使用体验。正因为如此,我们在设计二维码时就要更加注重彰显传播特性,以此吸引更多人的关注和扫码,创造出广泛传播的良好效果(见图 6-3)。

图 6-3　二维码设计的传播性

1. 传递信息

二维码中要体现出一段中心信息,此类信息可以是图形、文字等不同形式,但要显现出二维码的基本功能和核心意义。例如,在二维码中放置一块比萨,并在文字解释中提供"扫码优惠"等信息,就可以促使喜爱吃比萨的用户进行扫码,从而在此类群体中产生较好的传播效果。

2. 休闲娱乐

当二维码中出现浓郁的休闲、娱乐元素时,很容易引发用户的关注兴趣。例如,将二维码与搞笑视频、搞笑段子或是 H5 游戏链接在一起,提醒用户扫码即可享受娱乐内容,就能达到很好的吸粉吸睛目的。

3. 解谜游戏

用户往往具有好奇心理，对于一些不解之谜会保持较强的关注度。我们可以利用用户的这一心理，设置一些有趣的谜题，提醒用户扫码关注后即可获取答案。这样也可在较短时间内获得较多的用户关注。

需要注意的一点是，此类办法往往只能起到一时的吸粉吸睛作用，若想真正留下用户，就要在具体内容上下足工夫，只有这样，才能获取用户的长期支持。

（三）内容互动

当下，互动性户外广告越发流行，与手机终端、二维码技术相结合的互动创意也越来越多。这些现象的产生，无不彰显出移动互联网时代下，企业对内容互动的重视，因为无论是各种创意，还是各种先进的技术手段，归根结底还是要促使用户与企业进行互动，只有做到这一点，才能使营销传播活动取得成功。因此，很多企业的二维码广告都在巧妙地展现出互动性特点，与用户进行友好、有效的交流。

纽约 BBDO 黄禾国际广告公司推出的一款啤酒二维码，就是其中一个典型的案例。这款白色二维码印在酒杯上面，只要用户扫码，就可获得优惠券与特价服务。但是用户若想成功扫码，就要将颜色很深的 Guinness 啤酒倒入杯中，等待二维码显示出来。这就使得二维码扫描与啤酒销售联系在一起，极具趣味性和互动性，易于激发用户的参与兴趣。这次活动也因此获得了不错的传播效果。

从上述案例中我们可以看出，若想激发用户的扫码兴趣，企业就要将二维码打造成一种有效的沟通媒介，与用户进行线上与线下的实时互动，只有这样，才能满足用户的主动参与需求，进而使二维码营销活动真正落到实处。

（四）合适尺寸

在设置二维码时，如何确定二维码的合适尺寸，是令很多运营者十分头疼的问题。一般来说，二维码的自身信息量和所需像素点成正比，自身信息量越多，所需像素点也就越多，而扫码设备也就越发难以分辨，又因为设备（摄像头）是具有分辨上限的，无法分辨过高像素。所以，二维码不能设计得过大，应该充分考虑到扫码设备的分辨和解码难度。

具体来说，二维码中每个小方块的长度应该设计在 4～6mm，而且在打印的时候要根据打印机的 DPI（每英寸打印的点数）指数，来设定具体的大小。此外，二维码的组成部分往往是黑白方块，每 4 个小方块又可组成一个大方块（$2 \times 2 = 4$），因此，二维码中长宽的像素值最好是 2 的整倍数，这样最为和谐。

三、二维码的制作

（一）普通文本二维码

二维码的使用范围如此之广，给大众生活带来了诸多便利。但二维码的制作却并不复杂，可以直接在线生成。企业和个人都可以依据自身需求，制作属于自己的二维码。本节将具体介绍二维码这种全新的数字化媒体运营模式。

企业或商家要想实现二维码的营销，首先就要拥有自己的二维码。因此，就要学会二维码的制作。下面将介绍普通文本的二维码制作要点。

（1）有多家网站可以在线制作二维码，这里以草料网为例。用户打开电脑中的浏览器，输入草料网网址（https：//cli.im/），进入草料网主页，如图 6-4 所示。

图 6-4　输入草料网网址

（2）进入草料网主页后，网站主页默认设置为文本信息的二维码制作，在主页提供的文本框内输入需要制作的二维码内容，然后单击下方的"生成二维码"按钮，稍等片刻，就能在二维码生成框内看到含有所需内容的二维码图形，如图 6-5 所示。

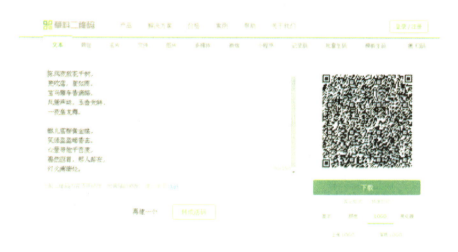

图 6-5　单击"生成二维码"按钮

（3）二维码生成后，将完成的二维码图片保存到用户电脑或是下载到手机里，用户就拥有了一个属于自己的二维码，经扫描后就能显示二维码内蕴含的信息。

（二）网址链接二维码

下面以"网址链接二维码"为例，对二维码制作的要点进行简单分析。

（1）按照上一节第二步的介绍，进入草料网主页后，单击"网址"按钮，如图 6-6 所示。

图 6-6　单击"网址"按钮

（2）在文本框中输入需要链接的网站网址，然后单击下方的"生成二维码"按钮，稍等几秒钟，就能在二维码生成框内看到含有网站网址信息的二维码图形，如图 6-7 所示。

图 6-7　网址链接二维码制作

（3）将完成后的二维码图片保存到用户的计算机，或是直接下载到手机里，用户就拥有了一个属于自己的具有网站链接功能的二维码。由于该二维码制作时采用的设置是网站链接功能,所以用户在扫描后会直接进入到二维码内提供的网站链接页面,如图 6-8 所示。

图 6-8　扫描二维码进入网页

(三)个人名片二维码

下面以"个人名片二维码"为例,对二维码制作的要点进行简单分析。

(1)打开浏览器,输入草料网网址(https://cli.im/),进入草料网主页后,单击主页上的"名片"按钮,如图 6-9 所示。

(2)用户在"名片"界面依据自己的情况,在文本框内填入相应信息即可,如图 6-10 所示。

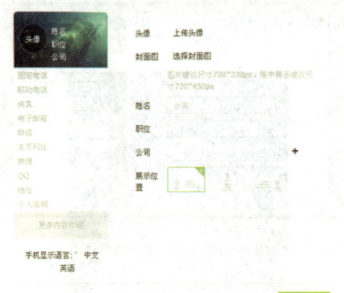

图 6-9　单击"名片"按钮

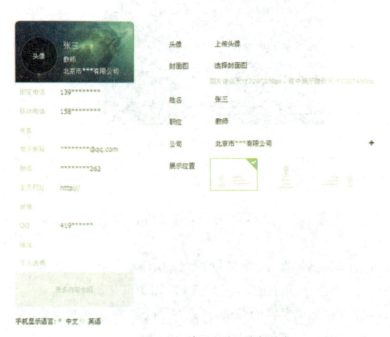

图 6-10　填写名片文本框信息

（3）名片信息填写完毕后，单击文本框下方的"生成二维码"按钮，等待几秒钟后，就会弹出带有相应信息的二维码图案，如图6-11所示。

图 6-11　单击"生成二维码"按钮

（4）将完成后的二维码图形下载到用户手机中，用户就拥有了一个只属于自己的二维码名片。

名片可只存在手机里，也可印刷在纸质或其他用户想用来生成名片的物品上。进行名片交换时，用户只需让对方用手机微信扫描自己的二维码名片，单击"保存"按钮，即可完成名片交换过程。

（四）文件内容二维码

下面以"文件内容二维码"为例，对二维码制作的要点进行简单分析。

（1）打开浏览器，输入草料网网址（https://cli.im/），进入草料网主页后，单击主页上的"文件"按钮，如图6-12所示。

图 6-12　单击"文件"按钮

（2）用户在"选择要上载的文件"对话框中，找到需要上传的文件夹，单击"打开"按钮，如图 6-13 所示。

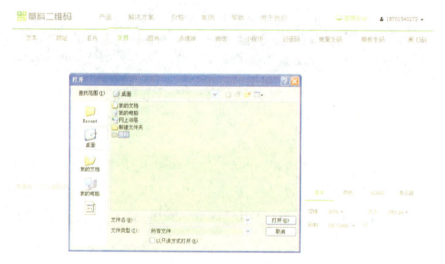

图 6-13　找到所需文件夹

（3）进入相应文件夹后，选中需要的文件，单击"打开"按钮，即可完成用户对本地文件的选定，如图 6-14 所示。

（4）用户在对文件的选择和介绍完成后，找到文本框下方的"生成二维码"按钮，并对其进行单击操作，稍等几秒钟，便可在界面的右侧看到生成后的二维码图案，如图 6-15 所示。

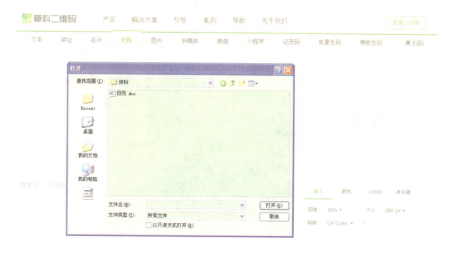

图 6-14　选中所需文件

图 6-15　生成文件二维码

（五）图片信息二维码

　　下面以"图片信息二维码"为例，对二维码制作的要点进行简单分析。

　　（1）打开浏览器，输入草料网网址（https：//cli.im/），进入草料网主页后，单击主页上的"图片"按钮，如图 6-16 所示。

图 6-16　单击"图片"按钮

（2）若用户需要使用本地图片制作二维码，单击"选择图片"按钮后，即可弹出"选择要上载的文件"对话框，如图 6-17 所示。

图 6-17　选择本地图片

（3）用户在"选择要上传的文件"对话框中，找到需要上传的文件夹，单击"打开"按钮，如图 6-18 所示。

（4）进入相应文件夹后，选中需要的图片，单击"保存"按钮，即可完成用户对本地图片的选定，如图 6-19 所示。

图 6-18 找到所需文件夹

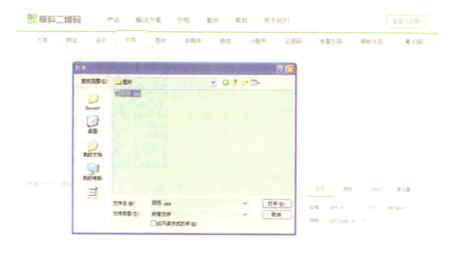

图 6-19 选中所需图片

（5）用户在完成对图片的选择和介绍后，即可单击文本框下方的"生成二维码"按钮，稍等几秒钟，便可以在界面右侧二维码框中看到生成后的二维码图案，如图 6-20 所示。

（六）地图信息二维码

（1）打开浏览器，如图 6-21 所示，输入联图网网址（http://www.liantu.com/），进入联图网主页。

图 6-20　生成图片二维码

图 6-21　输入联图网网址

　　(2)进入联图网后,网站主页默认设置为文本信息的二维码制作,用户单击页面左侧的"地图"图标,如图 6-22 所示。

　　(3)联图网主页将地图位置默认为"北京市",需要查找北京市地图信息的用户,可直接在地图提供的区域寻找自己需要的地理坐标,然后单击该坐标,如图 6-23 所示。

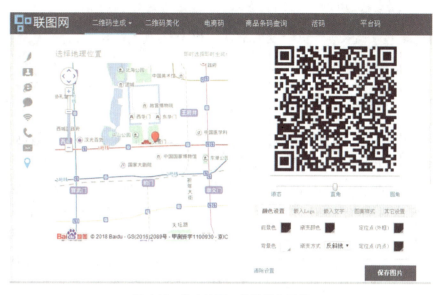

图 6-22 单击地图二维码制作图标

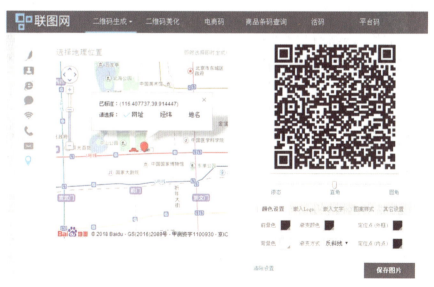

图 6-23 单击"天安门"坐标

（4）用户将二维码下载到手机后，便拥有了一个便携式的地图，扫描地图二维码后，手机会直接跳转到百度地图界面，扫描地图二维码后的百度地图界面。

第二节　网站

一、网站传播概述

网站平台包括门户网站、各品类行业网站、地方性本地网站、与品牌相关联的网站等。但由于企业之间的品牌、产品和服务会有所不同,所以企业投放新媒体广告时,会根据自己的品牌所在的行业进行有针对性地投放,以达到新媒体广告投放的最大效应。

举个例子,一家房地产公司需要在网站平台上投放新媒体广告,则其选择对象就包括门户网站的房地产频道、房地产专业网络平台、本城市的网站平台、旅游汽车理财等与之相关联的网站平台。

网站平台新媒体广告的主要形式有横幅 Banner 广告、焦点图广告、对联广告、漂浮广告、文字链接广告、弹窗广告、拉链广告、导航广告、视频广告等。

网站平台投放新媒体广告的特点可以概括为:受众人群范围广,包含各个层次的人群;有利于提升品牌的全国或本地知名度;有利于拓展全国或本地市场和吸引大量的零售客户;首页推广费用高。

在选择网站投放广告的时候,首先要考虑的是网站人气。对很多网站,可以通过百度等搜索引擎去搜索相关的热门关键词,如果找到该网站的关键词越多且信息排名越靠前,那就证明该门户网站的人气越旺。其次要考虑的就是该网站的定位是否与企业定位一致、该网站入驻的品牌企业是否够多等。

网站平台人气主要集中在首页及各主流频道上,因此,在进行广告投放时,一定要理性分析其广告位置的人气与性价比,确定最适合的广告位置和广告展示形式及内容。最后可通过网站平台的网站导航、商务合作等方式找到投放广告的入口,并了解各网站各广告位置的价位以及展现形式。

二、网站的传播发展

（一）发展历程

我国的网站产业是随着互联网产业的高速发展而逐渐壮大起来的。概括说来，我国网站产业的发展历程可分为 4 个阶段。

第一个阶段是 20 世纪 90 年代中后期至 2001 年的中坚力量形成阶段。这一阶段是网站的黄金发展期。

1996 年 8 月，张朝阳依靠境外风险投资，创办了搜狐公司（搜狐网的雏形）；1997 年 6 月，丁磊创办了网易公司；1998 年 12 月 1 日，四通利方与华渊资讯合并，成立新浪公司，而后推出同名中文网站——新浪网。由此，中国的三大网站开始了"注意力"之争，上市融资成为必然的选择。

2000 年 4 月 13 日，新浪在美国纳斯达克挂牌上市，股票代码为 SINA，成为国内首家在纳斯达克上市的网站。SINA 在全球股市大跌的情况下逆市而上，首发日股价上涨了 21.7%，随后创造了 54.5 美元的历史最高峰[①]。但 2000 年 6 月 30 日网易上市当天却跌价 21.7%，使得 2000 年 7 月 12 日上市的搜狐不得不调整了首发价才勉强以平局收场。

不论中国三大网站的股价怎样，它们的相继上市不仅使得大量资金涌入，也成了中国网站发展史上的里程碑，标志着我国网站全面兴起，中坚力量已然形成。

第二个阶段是 2001 年初至 2002 年的重新洗牌阶段。

2000 年 4 月，纳斯达克高科技股崩盘，网络经济的泡沫在一夜间破裂，我国的网站产业也随之进入艰难的严冬时期。许多网站纷纷倒闭，诸如红极一时的 263 首都在线、FN365 等。2001 年

---

① 谢新洲. 我国网络门户产业的发展原因与前景分析[J]. 情境理论与实践，2009(1).

初,受雅虎股价跳水的影响,三大网站的股价大幅下跌。2001 年
4 月 12 日,搜狐下跌 55.8%,网易下跌 52.3%,新浪下跌 48.8%。
与此同时,网站产业进入第一次白热化竞争阶段,三大网站甚至
就内容侵权问题正面交锋①。

第三个阶段是 2002 年至 2004 年的再度起飞阶段。

经过网络泡沫的深重打击后,中国网站意识到原先"风险投
资+网络广告"这种单一盈利模式的风险,开始积极探索新的盈
利模式,收费邮箱、电子商务、手机短信、网络游戏等一系列有偿
收费项目相继出现。三大网站也开始重新定位主营业务方
向——新浪改善信息平台,维持新闻领域的领先地位;搜狐和网
易着力发展收费短信等无线业务;网易选择开发网络游戏。三
大商业网站的盈利模式呈现出多元化的发展趋势,终于在 2004
年实现了盈利,2004 年也成为我国互联网发展史上标志性的
一年②。

2005 年至今,我国网站产业进入了新瓶颈与新发展阶段。

从中国三大网站 2005 年第一季度的财务状况上看,新浪、搜
狐和网易三大门户都有不错的净利润值。但深究之后不难发现,
新浪和搜狐在净利润、总营收、广告收入、非广告收入等方面都大
幅下降,唯有网易借助网络游戏一枝独秀,网易的在线游戏服务
收入达到了 1.71 亿元,较 2004 年增长了 119.3%。因此可以说,
网站在 2005 年结束了高速发展的势头,净利润的背后隐藏着"潜
亏损"。

新浪、搜狐净利润的下降意味着传统盈利模式遇到了瓶颈,
而网易依靠网络游戏迅速崛起又让人看到了新的希望。2006 年,
三大网站陆续开始调整战略,营收指标逐步回升。种种迹象表
明,中国网站产业开始步入新的发展期。

---

① 谢新洲.我国网络门户产业的发展原因与前景分析[J].情境理论与实践,
2009(1).
② 谢新洲.我国网络门户产业的发展原因与前景分析[J].情境理论与实践,
2009(1).

同时,2005年后,随着Web2.0时代的到来,博客、播客、维客、RSS等新业务出现在人们的视野中。在Web1.0背景下产生的网站也通过增加博客、播客等新业务,积极地同Web2.0相融合。其中,新浪博客就是一个成功的案例,名人博客的火热,为其增加了个人广告的盈利渠道。

(二)发展现状

一直以来,我国门户网站以新浪、搜狐、网易为代表,而后起之秀腾讯、TOM的发展势头也不可忽视。以下将重点以这几个门户网站为例对我国门户网站产业的发展现状进行具体分析。

1. 从流量看门户网站产业发展现状

2010年4月,谷歌旗下的Doubleclick公布了全球网站4月份独立访问人数排行榜,除了被列入"邮件和即时通讯"类别的腾讯以外,传统三大门户网站紧随其后。腾讯、新浪、网易、搜狐的全球排名分别为第9、第11、第15、第21位。值得注意的是,搜狐在排名上下降较多,其独立访问人数(UV)和页面访问量(PV)与前三名差距明显(见表6-1)。

表6-1　门户网站流量

全国排名	网站名称	UV	PV
9	腾讯	1.7亿	250亿
11	新浪	1.3亿	36亿
15	网易	0.98亿	27亿
21	搜狐	0.82亿	19亿

可以说,腾讯、新浪、网易、搜狐4家门户网站是中国门户网站的典型代表和中坚力量。它们之间的相互比较与关系可以通过Alexa网站的站点对比反映出来(见图6-24)。

可以看出,中国门户网站的格局是相对稳定的,只在内部有一些细微动荡与变化。需要指出的是,腾讯虽然位列第一,但其流量的一个重要来源是 QQ 新闻的弹出框;由即时通讯起家的腾讯在中国拥有数量庞大的用户群,QQ 用户通过 QQ 新闻弹出框为腾讯带来不小的流量。因此,虽然腾讯的流量位列第一,但并不能表明其网站本身的实力就高于新浪、搜狐、网易等老牌门户网站。

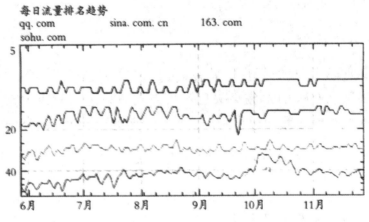

图 6-24　四大门户网站 2010 年 6 月至 11 月每月流量排名走势
(自上而下分别是腾讯、新浪、网易、搜狐①)

2. 从网站提供服务看门户网站产业发展现状

(1)传统的 ICP 服务。ICP 是英文"Internet Content Provider"的缩写,即网络内容提供商。传统的 ICP 服务包括中文搜索、新闻、中文论坛、聊天室、电子邮件等信息服务,它们构成了门户网站用户最常用的功能群。

DCCI 2009 年的调查数据显示:互联网用户的网络应用仍以浏览新闻、收发邮件等获取信息的应用类型为主,两者的比例分别达到了 90.5%、85.7%。到社区论坛看帖、留言也是互联网用户主要的应用类型,使用比例高达 66.8%,排名第五。这些都是门户网站所提供的传统 ICP 服务。

但是,每个门户网站经营传统 ICP 服务的策略各不相同。以新浪、网易为代表的门户网站在保留原有免费邮箱服务的基础

---

① 来源:Alexa 网站。

上，于 2001 年先后推出了针对个人用户的收费邮箱服务。相对于传统的免费邮箱，收费邮箱具有安全性高、反垃圾、大容量等特点。而搜狐网却做出了截然相反的市场反应，宣布正式推出其全新的免费电子邮件服务——"搜狐闪电邮"，继续坚持向用户提供免费邮箱服务。在搜索引擎方面，新浪和搜狐分别推出了侧重点不同的中文搜索引擎——新浪"爱问"和搜狐"搜狗"。而网易则把重点放在了开发网络游戏市场上，收益增长相当可观。

（2）无线互联业务。在经历了 1999—2000 年的网络寒冬之后，门户网站开始探索新的盈利模式。无线业务是门户网站找到的第一种新的盈利手段。

从眼球经济的免费模式，到"眼球模式＋短信模式"，再到"眼球模式＋短信＋彩信模式"的多元化模式，门户网站的"无线热"已悄然出现。而无线业务发展最为成熟的，则非 TOM 网莫属。在整个门户网站产业还在火拼网络广告的时候，TOM 网最早以向独立个体用户收费的模式介入短信业务，成为国内第一家主要依靠电信增值业务盈利的门户网站（占其总收入的 80%）；而当其他门户网站纷纷介入短信业务时，TOM 网又最早进入移动梦网的第一阵营，成为第一家提供彩信服务的门户网站。

目前，门户网站推出的无线增值业务主要是传统的 SP 业务，包括短信、IVR（语音）、彩铃以及基于 3G 的 SP 业务包（WAP、网络游戏、彩信、JA-VA 应用等）。

（3）电子商务服务。各门户网站利用其庞大的注册用户和浏览量资源先后为用户提供了以网上商城为主要形式的 B2C 电子商务服务。DCCI 发布的《Netguide2009 中国互联网调查报告》显示，2008 年中国电子商务市场交易规模为 16200 亿元，较 2007 年增长 20.5%。

针对电子商务，新浪于 1999 年 11 月最先推出了新浪商城业务。搜狐则把"搜狐网上商城"作为其业务的独立产品线来发展。2000 年 11 月，网易推出网易商城，它提供的 B2C 在线拍卖服务极具特色，商品种类也非常丰富，为电子交易供应商和传统企业客户提供了在线电子商务平台。

（4）搜索引擎收费服务。门户网站最初都是依靠提供搜索引擎服务起家的。至今，搜索引擎服务仍是门户网站的核心功能之一。经过了几年的信息量积累和用户培养，搜索引擎服务的收费市场逐渐成熟。

2004 年 8 月，搜狐推出了具有独立域名的搜索引擎"搜狗"，因为开发了"搜狗排名"而被网民认同；2005 年 6 月，新浪借助谷歌的技术推出自己的搜索引擎"爱问"；腾讯也随后利用谷歌的技术开发出自己的搜索引擎"搜搜"；而早已将主营业务调整为网络游戏的网易，也于 2006 年推出"有道"搜索引擎测试版，其开发的"海量辞典"以及"有道博客搜索"两项个性化业务，为门户网站的搜索服务带来了新的亮点。

事实上，爱问和搜搜都采用了谷歌的核心技术，可以视作已经放弃对中国搜索引擎市场的竞争，这是因为在搜索行业中，技术是最核心的竞争力。那么它们为何还要多此一举地推出自己的搜索引擎呢？主要基于两点原因：一是通过自己的搜索引擎可以了解用户的搜索习惯，为网站自身策划新闻专题和网络炒作提供依据；二是可以借助主流搜索引擎获得更多流量。

三、常用网站推广内容平台

（一）今日头条

头条号又称今日头条平台，是 2012 年推出的一款个性化推荐引擎软件，它能为平台的用户提供最有价值的各种信息。

今日头条从创立日开始，其用户数量不断突破。

平台庞大的用户量，为企业营销推广的运营吸粉、引流提供了强有力的支撑。而且今日头条平台具有以下 6 个方面的特点：

1. 登录方式多样

用户登录今日头条的方式是多样的，除了手机号、邮箱等方式之外,它还支持新浪微博、腾讯微博、QQ空间、人人网、微信等平台授权登录。

2. 推送内容全面

今日头条平台上新闻内容更新的速度非常及时,用户几分钟就可以刷新一次页面,浏览到新信息。而且今日头条平台涵盖面非常广,用户能够看见各种类型的内容,以及其他平台上推送的信息。

图6-25所示是今日头条平台上内容涵盖的范围,具体包括热点、视频、图片、社会、娱乐、体育、汽车、财经等频道。

图 6-25 今日头条首页

3. 精准推送

今日头条能根据用户所在的位置,精准地将当地新闻推送给用户,并且还能根据用户的性别、年龄层次、兴趣爱好等特征,将用户最感兴趣的信息推送给用户。

4. 互动性强

在今日头条大部分推送的信息下,用户都可以对该信息进行评论,不同用户之间也可以进行互动。

5. 信息分享与传播便捷

今日头条平台为用户提供了方便快捷的信息分享功能,用户在看见自己感兴趣的信息后,只要点击页面上的转发按钮即可将该信息分享、传播到其他平台上,例如新浪微博、微信等。

6. 云端存储

用户只要登录自己的今日头条账户,在该平台上评论或者是收藏的信息就可以自动将其存储起来。只要用户自己不删除,不论是在手机端还是电脑端,登录平台账号后用户都可以查看到这些信息,完全不用担心这些信息丢失。

(二)搜狐

搜狐公众平台,是搜狐门户下一个融合了搜狐网、手机搜狐、搜狐新闻客户端三大资源于一体的平台。

搜狐公众平台的内容类别包括时尚、美食、健康、教育、旅游、科技、汽车、母婴、体育、公益、评论等。搜狐公众平台凭借搜狐旗下一系列的资源,拥有自身独特的平台优势。表 6-2 所示为搜狐公众平台的主要特色。

表 6-2　搜狐公众平台的主要特色

搜狐公众平台的主要特色	
	创业者可以通过搜狐的三大客户端平台推广自媒体内容,可以集中优质流量,文章只需要发布一次即可在 PC 端、移动端以及新闻 APP 上同步显示,快速获取阅读量
	平台会根据原创内容本身的质量及流量表现,对其进行自动化推荐,保证好内容可以及时出现在头条上
	粉丝可以在客户端进行订阅、评论、分享等操作,通过关系链传播,帮助自媒体人获取更多流量
	根据各种内容的属性设置了不同的垂直频道分类,用户选择相应的分类即可看到该类别中的优质文章,而且这些好的内容还会被自动推荐到首页等重要位置

正如搜狐公众平台登录页面的广告语："亿级用户流量,再小个体也能打造自己的媒体影响力"所言,结合平台的自身优势,此平台确实是网络营销运营者用来为公众平台引流的好渠道。

搜狐公众平台为用户提供了多种登录方式,且只要拥有一个账号,即可登录搜狐旗下的搜狐视频、搜狐新闻、搜狐博客等产品,这在很大程度上为用户提供了方便,减少了用户注册账号的麻烦。

图 6-26 所示是搜狐公众平台的登录页面。

图 6-26　搜狐公众平台登录页面

搜狐公众平台是由搜狐网推出的一个新媒体平台,个人、媒体、企业、机构等各行业的优质内容创作者均可免费申请入驻。

（三）网易

网易号,又称网易媒体开放平台,是网易旗下推出的一个新媒体平台,在网易媒体开放平台,运营者可以利用多种形式进行软性吸粉引流。

网易媒体开放平台为入驻用户提供了 5 种类型的账号,它们分别是订阅号、本地号、政务号、直播号以及企业号,不同账号的功能也会有所不同。

关于这 5 种类型的账号的相关信息,具体如图 6-27 所示。

图 6-27　网易媒体开放平台提供的 5 种账号

　　运营者要入驻网易媒体开放平台，就必须要有网易通行证或者网易邮箱，网易媒体开放平台拥有 4 大特色，具体如图 6-28 所示。

图 6-28　网易媒体开放平台的用户登录页面

　　网易媒体开放平台拥有 4 大特色，具体如表 6-3 所示。

　　网络营销运营企业可以选择与网易平台合作，推广品牌和产品。

表 6-3　网易媒体开放平台的特色

运营方式	内容
亿万用户资源共享	用户入驻网易媒体开放平台后,其编写的文章就有机会被人工推送到网易新闻客户端,自然就能共享网易累计的亿万用户资源
网易跟帖引爆话题	用户在平台上编写的文章被其他读者订阅后,读者就能在文章下跟帖,只要文章质量高、有价值,就可能成为火爆话题
优质媒体品牌推广	网易媒体开放平台上,大部分种类的账号都会有星级等级,只要达到一定的星级等级,就可以享受平台上的直播功能,推广账号品牌
商业合作共享未来	对于平台上的优质本地号用户,平台会择优选择,使其成为网易媒体的合伙人,实现商业合作,共享未来

第三节　搜索引擎

一、搜索引擎的概述

从 20 世纪 90 年代末开始,互联网上的网站与网页数量飞速增长,网民简单靠综合门户类网站分类找到自己需要的信息难度越来越大。人工分类编辑网站目录的方法受到时效和收录量的限制,无法再满足人们对网上内容的检索需求,于是网页搜索引擎在 2000 年后开始出现。搜索引擎的原理都是使用蜘蛛程序在互联网上自动抓取海量网页信息,提取网页信息索引并存储到庞大的数据库中,并通过特殊算法将相关性最好的结果瞬间呈现给搜索者。

随着博客(Blog)、网上社区(SNS)、维基百科(Wikipedia)等如火如荼的发展,网民逐步从单纯的信息获取者演变成信息发布者,人们通过网络分享自己的知识、体验、情感或见闻,使互联网上的内容越来越丰富多彩。内容上的无所不包使搜索引擎的收录也变得无所不包,人们发现通过搜索引擎可以找到自己想要的任何信息,从新闻热点到柴米油盐,从育儿百科到考研课程,信息的便捷获取潜移默化地改变了人们的思考方式和行为,搜索结果页上汇集了整个互联网的智慧,谁不想在苦思冥想前"搜索一下"呢?在互联网积累了海量信息后,高效的搜索引擎就成为了互联网网民必备应用之一。

在全球范围内,谷歌是最有名也是结果准确度最高的搜索引擎。在中国,人们使用最多的搜索引擎则是百度。随着技术的发展,搜索引擎已经不再是简单支持关键词搜索,还支持很多高级搜索功能。

二、搜索引擎登录

做搜索引擎传播时,首先我们要做的就是将自己的网站提交到搜索引擎,之后搜索引擎就会对用户网站信息进行自动抓取。而中文网站中使用量排名靠前的搜索引擎占据了大部分的搜索量,所以只要将重点放在前几个搜索引擎即可。

四大搜索站长平台地址:

百度站长平台:zhanzhang. baidu. com

360站长平台:zhanzhang. haosou. com

搜狗站长平台:zhanzhang. sogou. com

谷歌站长平台:www. google. com/webmasters

那么如何来提交搜索引擎呢?

(1)制作Sitemaps文件,然后将制作好的Sitemaps文件添加到robots. txt中。

(2)登录搜索站长平台。

(3)将Sitemaps和URL提交到平台。

(4)针对站长平台对网站的收录和抓取情况进行观察。

通过Sitemaps协议,网站可以将可供抓取的网址告知搜索引擎,这样极大地方便了搜索引擎对网站的抓取。Sitemaps. xml这一 xml 格式文件包含了一个网站的所有链接,换句话说,Sitemaps 也就是网站地图。

Sitemaps 是 xml 格式的,它的作用是对与 Web 抓取工具相关的 Sitemaps 信息进行概括。任何网址都能够加入抓取"提示"。Sitemaps 协议的开始标记是⟨urlset⟩,而结束标记⟨/urlset⟩。任何网址都有一个⟨url⟩条目父标记,与此同时,每个⟨url⟩条目父标记还有一个⟨loc⟩条目子标记。⟨loc⟩作为网页文件网址,以 http 开头,同时字符数低于 2048。⟨lastmod⟩是此文件最近一次的修改日期,它可以删除部分时间,如 YYYY-MM-DD。其他的可选项是可以不添加的。

Sitemaps 与 BLOG 的 RSS 功能相似,是一款与网站管理员相关的工具,同时也提供方便自己的服务,一旦所有信息源都通过这一方法将自己的更新情况进行提交,那么搜索引擎就不必大费周章,任何站点的更新都可以迅速通知搜索引擎,让搜索引擎的索引工作更加方便。

(1)step1,用户通过各搜索引擎的站长平台进行账号的创建。

(2)step2,用户对自己的网站权限进行验证。

(3)step3,登录站长平台。

(4)step4,通过 Sitempas 的提交界面将自己网站的 sitemaps. xml 文件提交上去。

需要注意的是,sitemaps. xml 文件既可以手工编写,同时也可以利用软件生成,一旦创建成功,就可以将其提交到各搜索引擎了。

与此同时,还可以通过各网站平台查看蜘蛛对用户网站访问情况的说明报告,例如查询和抓取统计信息、进行网页分析,以及索引统计信息等。通过"查询统计信息"还可以查看进入自己网站的热门搜索关键字。而通过"抓取统计信息"也可以看到蜘蛛抓取网站的概要统计以及抓取错误的地址,这样就实现了网站主和蜘蛛的信息交互。

优化搜索结果排名

网站内容被搜索引擎收录是第一步,搜索引擎营销的最终目的是使自己的网站位于搜索结果的第一页。那么如何来提升搜索排名呢?除了搜索引擎优化之外,还可以进行竞价排名。

竞价排名是通过付费的方式来提高网站的搜索排名,其算法与很多因素有关,包括用户出价和关键词质量度等。付费越高排名就会越靠前。竞价排名服务按照点击来付费,用户需要通过调节点击付费价格来将特定关键词的搜索结果排名进行控制,这样利用不同的关键词来挖掘不同类型的访问者。

国内较为常见的点击付费搜索引擎包括百度、谷歌、搜狗和360等,需要注意的是,做竞价排名并不意味着不需要搜索引擎优化设计,二者可以同时进行,将自己的网站曝光到各大网站。搜索引擎竞价排名推广的操作步骤如下:

(1)通过各大搜索推广平台申请搜索引擎营销推广的账号。

(2)制作网站着陆页(用户真正访问的页面,又称引导页),并进行进一步的优化工作。

(3)设定关键词和推广计划。

(4)安装统计代码,并对网站的转化目标进行设置。

(5)进行广告的投放。

(6)跟踪广告的投放效果。

(7)对广告的投放效果进行评估。

作为竞价排名推广的重要环节之一,关键词的选择讲究一定的策略:

(1)从产品和服务中选择核心关键词,包括产品型号、品牌、种类和门类等。

(2)利用行动、价格、销售、功能以及属性等类别的形容词来扩展核心关键词,如核心关键词"机票"可以添加行动成为"买机票",添加价格则可成为"打折机票"或"特价机票"等。

在转化统计上,百度统计和推广、谷歌分析和 adwords 均是集成的,而搜狗和360则可以第三方搜索统计平台来转化和统计,但这种方式不能看到实时转化情况,只能看前一天以及之前的转化效果。

在经过一段时间的付费广告投放之后,接着要利用数据报表对关键词的转化情况进行分析:

关键词效果＝关键词总消费金额/关键词总转化量

当所得数据比平均数高时,则表明该关键词转化效果欠佳,需通过增加否定关键词、降低出价或者修改匹配方式使匹配度更精确的方式来优化关键词。如果所得数据比平均数低,那么表明该关键词转化效果不错,可以通过提高同类关键词的数量、修改匹配方式或者提高出价的方法来对关键词进行拓展。

企业要尽量用最小的投入来最大化获得更高的搜索访问量,较为常用的四大竞价搜索平台地址如下:

百度推广平台:www2. baidu. com

360 推广平台:e. 360. cn

搜狗推广平台:p4p. sogou. com

谷歌推广平台:www. google. com/adwords

三、搜索引擎高级搜索方法

(1)intitle 搜索范围限定在网页标题。网页标题通常是对网页内容提纲挈领式的归纳。把查询的内容范围限定在网页标题中,有时能获得良好的效果。

例如:出国留学 intitie:美国"intitle:"和后面的关键词之间不要有空格,冒号是英文半角字符。

(2)site 搜索范围限定在特定站点中。用户如果知道某个站点中有自己需要找的东西,就可以把搜索范围限定在这个站点中,提高查询效率。

例如:百度影音 site:"site:"后面跟的站点域名,不要带"http://"。"site:"和站点名之间不要带空格。

(3)inurl 搜索范围限定在 URL 链接中。网页 URL 中的某些信息常常有某种有价值的含义。用户如果对搜索结果的 URL 作某种限定,可获得良好的效果。

四、搜索引擎营销策略

搜索引擎营销借助于人们对搜索引擎的依赖,将各种信息传递给检索信息者的一种营销手段。搜索引擎营销可以为企业带来更多的关注度和商机,对树立品牌和推广网站、提高网站曝光度有极其重要的作用。

（一）搜索引擎营销的常见问题

搜索引擎营销旨在通过最小的投入来获得最高的性价比,通过大量的搜索引擎访问量来实现商业价值。那么进行搜索引擎营销会面临哪些常见的问题呢?首先我们要知道搜索引擎营销的最终目的是订单量,而在实现订单量的中间还有很多环节,包括点击量、访问量和咨询量等,而搜索引擎营销如果出现问题,则大部分原因就出在这些环节中(见图6-29)。

图 6-29　搜索引擎出现问题的环节

（1）在搜索引擎营销推广阶段,推广结果体现在搜索结果页面,也就是我们所说的展现量,而点击量就是推广结果所获得的网民的点击数量。

（2）在企业网站建设阶段,网站被网民浏览的次数也就是访问量。当网民浏览网站后,针对某些问题咨询则产生了咨询量。咨询量体现了企业与网民的互动和交流频率。

（3）在线下销售阶段，企业将获得订单，订单的数量也就是最后的订单量。

而在实际操作过程中，搜索引擎营销将面临以下问题：

点击量低：点击量低说明目标用户找不到你所推广的信息，换句话说，你的展现量相对较低，要设法提高展现量。

访问量低：访问量低说明点击量相对较低，没有人愿意进入你的网站，这时要设法提高点击量。

咨询量低：咨询量低说明你的访问量较低，同样也是没有人愿意进入你的网站，同时网站难以引起客户的兴趣，因此网站本身也存在问题。

订单量低：订单量低说明咨询量也不会高到哪里去，当然，也可能是沟通过程中出现了问题，或者产品的价格、服务和质量难以满足用户的需求。想要提高订单量，就要将重心放到企业自身的经营上，因为网络只是帮助你将客户引到你的门前，客户会不会买账还是要看企业自身的能力。

了解了搜索引擎营销的常见问题后，就可以从根本入手，采用相应的营销策略了。

（二）提高展现量策略

前面我们已经提到过，展现量就是用户看到的次数，也可以说是企业营销的曝光率。这个环节的营销策略要从关键词入手，利用大量关键词使得自己的信息位于搜索引擎的靠前位置。有关关键词的选择注意事项以及出现问题的应对方法我们在前面已经提到过，这里就不再赘述。总之企业应合理把握搜索引擎优化和竞价排名技巧，使自己的营销信息得到尽可能多的展现机会。

（三）提高咨询量策略

想要提高咨询量，就要从多个角度出发，其中包括产品和价格的定位以及沟通工具等，从而打造出完善、科学的经营体系。接下来我们为大家一一讲解（见图 6-30）。

图 6-30　提高咨询量策略

1. 产品和价格的定位

在产品和价格的定位上,企业要学会做好市场调查,对竞争对手进行分析和了解,知道他们的主打产品、价格定位以及优势和劣势。与此同时还要明白相比之下自身产品的独特优势和卖点、自己的产品对于客户来说最大的价值是什么,并通过视频、图文的形式展现给客户,做好价格定位。

除此之外,在进行价格设置时,不管你的产品价格高于竞争者还是低于竞争者,都要向客户进行解释说明,否则会引起客户的质疑。

2. 内容的设置

在内容的设置上要有一定的营销性质,这样才更容易说服别人。如果单纯用一大堆数字或文字来解说自己的产品,那么客户相当于在看教科书,很难有耐心和兴趣继续看下去。但如果对产品进行全方位、多角度的拍摄,并将照片进行精心的处理,那么产品说明就会变得更加吸引人,同时各个细节也能展现给客户,加上适当的文字介绍,很容易得到客户的认可和信赖。

3. 沟通工具的选择

在沟通工具的选择上,一定要以方便快速为主,当客户产生购买欲望时,一定要能迅速给出意见或建议,与此同时还要让客户找得到你,联系方式一定要在显眼的地方呈现给客户,如果客户无人可咨询,那么很容易关闭你的网页而寻找下一家企业。

4. 客户回馈展示

很多客户之所以会对产品进行咨询,大部分是对产品产生了兴趣,这时企业要做的就是获得客户的百分百认可和信赖,而其他客户的正面反馈就是很好的证明,将这些客户案例以及评价展现给正在咨询的客户,很容易获得客户的信赖。

5. 企业介绍

很多企业只顾着宣传产品,却忘记了企业本身的重要性,企业本身有保障,那么客户自然也会对产品更放心。因此要在合适的位置将企业介绍展现给客户,这样才能进一步得到客户的认可。

6. 证书展示

展示证书也是提高客户信任度的方法之一,证书通常都是由第三方机构颁发的,更具公平性,也更易让客户产生信赖感。

7. 成交主张

所谓的成交主张,关键点在于是先付钱再获得服务还是先服务再付钱,不管企业对客户所进行的是什么样的承诺,都要全心全意站在客户的角度考虑问题,一旦客户认为自己的风险相对较小,就会对企业产生一定的信任,心理防线会逐渐降低。所以企业一定要从客观上最大化地降低客户所承担的风险,这也是一个有责任感的企业必须具备的素质。

第四节　论坛

一、推广论坛

(一)准备阶段

1. 找到合适的平台

在寻找合适的论坛平台时,要遵循专业对口的原则,换句话说就是要将目光锁定在目标客户群较为集中的论坛,如果是做旅游的,那么就要到旅游论坛上进行推广;如果是搞装修的,那么就要到装修论坛上进行推广。

2. 做好准备工作

最基础的准备工作包括仔细考虑自己要推广什么产品、对产品进行深度了解、推广该产品的目的是什么、有什么推广目标,只有做好完全的准备,列好较为清晰的推广目标,才能做好接下来的工作。

3. 了解目标论坛

当确定好合适的论坛平台之后,还要对该论坛的平台规则和用户特点进行深度了解,具体包括板块结构、适合发广告的板块、广告管理细则以及用户特点等,只有充分了解论坛,才能真正利用论坛达到自己的推广目的。

(二)操作步骤

准备工作做好后,接下来就要进行具体的营销步骤了,其大体操作步骤如图 6-31 所示。

图 6-31　操作步骤

1. 头像与签名

进行论坛营销时,首先要学会利用头像和签名,可以自己设计一个头像来宣传自己的品牌,与此同时,在签名中可以加入网站的简单介绍和产品链接。

2. 发帖

发送的帖子一定要讲究质量,只有专注于做高质量的帖子,才可以以最少的精力获得最好的营销效果,与此同时,还能提高帖子的转发率。

3. 回帖

还可以充分利用回帖功能来发广告,但需要注意的是,为了提高回帖浏览量,最好争取在前五位回帖,所以要极力寻找那些刚刚发表的帖子,增加自己回帖被浏览的机会。

4. 顶一下

在利用论坛进行营销时,为了能够使自己的帖子更具人气,可以适当找人帮自己顶一下,也可以让公司其他部门的员工或自己的亲朋好友帮忙顶一下。但需要注意的是,一定要保证帖子的质量,否则即便发再多,置顶再久也是没有用的。

如果帖子质量够好,再加上后期营销技巧的巧妙利用,帖子的浏览量就会逐步增加,这样一来就可以得到越来越多人的关注。

(三)参与互动

1. 主动回帖

帖子发布以后,为了提升人气,我们要主动回帖,可以直接引用楼上的评论来回复,但要注意不能只用几句话敷衍了事,因为通俗的客套话会让评论者得不到被重视的感觉,甚至会误认为我们在骗回复。所以回帖内容要多具创意性和人性化,这样才能让大家加深印象。需要注意的是,论坛推广并不是一蹴而就的,不要力求马上得到成效而疯狂地进行回帖,这样反而会让大家产生反感,甚至将帖子当成广告,最后得不偿失。

2. 积极顶帖

帖子发布成功之后还要进行顶帖,每15分钟或每有3~5个人评论后就要将帖子顶上去,以此来提高人气。如果想要到别人的帖子中顶贴,那么不要为了外链而顶帖,更不要做垃圾链,可以经过考察筛选一些好的文章来顶帖。如果运气好找到了新发的帖子,那么可以快速点评,这样抢到沙发板凳甚至比回复火帖子还有效果。如果能在高质量或高权重的帖子下抢到沙发,那么将会为你的网站带来数不尽的流量,如果蜘蛛爬到了这个帖子并将其收录,那么你的外链也将被收录进去。通常情况下论坛帖子在百度收录的周期很快也很短,虽然可能被秒收,但一个星期之后就会被删除,因此所选的帖子一定是最近一周内所发的。除此之外,在顶帖时还要注意回复内容,不要用"飘过""好"等简单没有意义的词语,否则很容易被管理员删除。

3. 发起活动

不同的论坛有自身的特点,要根据论坛的特点来发起活动,常见的论坛活动包括投票、悬赏、踢楼和问答等。

4. 邀请好友

成功发布帖子之后可以邀请自己的论坛或 QQ 好友参与进来,大家针对帖子的话题进行互动,以此来提高文章的浏览量并获得好评。

5. 百度分享

几乎大部分论坛都有百度分享插件,这样可以利用百度将文章分享传递到站外,例如微博、微信及 QQ 空间等,以增加帖子的浏览量,使更多人参与到主题当中来。

6. 帮人解答

通过帮助其他人解答问题可以提高自己的经验值或得到积分,但解答时可能会花费很长时间,最后还极有可能不被对方采纳,所以可以根据自己的经验选择最省时省力的方法进行解答。可以在论坛咨询区寻找自己驾轻就熟的问题来进行解答,将自己过去写过的相关文章粘贴过来作答案,如果所粘贴的内容来自自己论坛中的文章,那么该文章的关注度就会提高,即便是站外也可以为站点引来流量。

二、编辑论坛帖

(一)提问题

采用提问式的方法编辑论坛帖是较为普遍的一招,因为提问式软文相对较容易产生效果。提问式就是标题用提问的方式,因为很多人普遍有好奇心理,提问式更容易引起人们的好奇心。此外,一些人也有好为人师的心理,当看到问题出现时,就急切地想要帮助别人解决问题,这两种心理使得提问式帖子的营销效果颇有成效。

1. 直接出主帖

直接出主帖就是在主帖上推出软文,如:"放眼天下,试问挖掘机技术哪家强?"这一标题的主帖就是讲解学挖掘机到蓝翔的,其实楼主本身就已经给出了答案,这种模式相对来讲比较常见,营销效果一般。

2. 主帖问后跟帖回答

主帖问后跟帖回答是论坛的特有形式,还是以学习挖掘机为例,标题"据说挖掘机好找工作,请问挖掘机技术哪家强"的主帖内容主要是讲解自己是多么想要学习挖掘机,又是多么渴望找到一家挖掘机学校。然后通过马甲来跟帖,跟帖内容可以讲解自己的亲身经历,最好与主帖的背景相吻合,描述自己当初找学校的经历以及是如何通过高人指点来到蓝翔的,又是如何通过在蓝翔学习获得国家认可的学历,并成为某企业单位的骨干人员,如今的生活又是如何惬意等。这种方式的帖子与直接出主帖相比更具说服力,也更容易吸引有意向的人,达到意想不到的营销效果。

（二）情景带入

所谓情景带入，其实类似于讲故事，通过标题对某件事情的描述，让读者感同身受，进而点击查看你的帖子。例如"深夜，想到满脸的痘，不禁泪流满面"这一帖子，标题就很容易吸引脸上长痘的人点击进入查看，而其内容也是讲述了一个备受痘痘困扰的女生是如何与痘痘作斗争的。

我们知道，一个好的论坛帖子一定要具备以下 3 个特点：

（1）标题能吸引人来看。

（2）内容让人愿意往下看并跟帖。

（3）不会被当作广告帖子删去。

而前面我们所讲的有关长痘痘的帖子作为一种亲身经历，很容易引起大家的关注，同样长痘痘的人就会有兴趣点击往下看甚至跟帖，该楼主接下来还利用两三个顶帖继续讲述痘痘给自己带来的困扰，并讲述了自己是如何发现精油祛痘的功效的，再接着就是跟帖讲述自己使用精油的经历和体验等。这个过程可以说就是情景带入式论坛软文的典型案例，采用一步步带入的方法，顺利将目标用户吸引过来，成功利用论坛营销宣传了自己的产品。

很多人都喜欢看别人的经历、听别人的故事，而具体的事例也更容易让大家接受，如果与故事中的主人公有哪怕一丝共同点都很容易成为潜在目标群，因此这种情景带入式论坛软文写作方法是非常值得借鉴的。

总结我们前面所讲的案例，想要利用情景带入的方法进行论坛营销，可以按照以下步骤进行实施：

（1）讲具体的事情。

（2）引出目标群痛点。

（3）引起目标用户群共鸣。

（4）分析痛点并论证。

（5）提出解决方案。

其实情景带入法和提问法可以联系起来使用,在进行论坛营销时企业可以根据自身的实际情况酌情处理。

(三)讲故事

讲故事比较符合当下人们的心理需求,所以也可以采用讲故事的形式来编辑论坛帖。需要注意的是,在进行故事创作前一定要有完整的构思,如同电影一样,知道自己的故事从哪个角度出发,从哪个地方开始,同时在编辑故事时还要清楚自己想要表达的故事情节是什么。除此之外,在描述故事时,一定要清楚是从细节处描写还是以叙事角度描写,并连同结尾部分都要考虑在内。

当然,并不是所有人都擅长写故事,这时可以查阅相关的参考资料进行学习和练习,实在不行也可以找专业人士帮忙撰写,可以让专业人士将产品的优势和特点加入故事里,同时也可以直接将产品或品牌名称融入故事。在外包给专业人员时,一定要将自己要植入的内容全部告诉他们,这样才有利于故事的顺利编排以及产品的有效推广。这里需要注意的是,当请专业人士进行撰写时,一定要做好彼此沟通,不管是需要添加到故事里的内容,还是添加的方法,都要彼此协调好,一旦故事完成后,就可以发布到论坛上了。

三、论坛平台的功能定位

互联网时代,企业可以通过网络虚拟论坛,发布企业的产品和服务等相关的信息,从而达到企业品牌营销推广的目的。这种利用论坛进行营销的方式,也是网络营销的方式之一。

对企业而言,论坛营销有助于企业积累人气,从而提升企业知名度,形成传播的口碑效应。对用户而言,论坛的开放性、低门槛,使得大多数网友都能参与其中,用户的很多诉求都会在论坛里表达,这使论坛充满活力和人气。

（一）辅助 SEM

论坛的用户人气是企业营销的基础，企业可以通过图片、文字等内容帖子，与论坛用户交流互动，这也是辅助 SEM（搜索引擎营销）的重要手段。

表 6-4 所示为论坛平台在 SEM 具有以下一些优势，这些优势进一步促进了营销推广，使得论坛营销的内容更为丰富。

表 6-4　论坛平台在 SEM 方面的优势

论坛平台在 SEM 方面的优势	传播广	论坛的开放性使得它的传播范围很广
	可信度高	论坛的信息比单纯的广告更可靠
	互动性强	论坛里发帖回帖十分方便，交流互动性强
	见效快	在论坛中发布信息能得到及时回应，见效快
	精准度高	论坛的用户交流通常有固定、精准的范围
	话题性强	论坛帖子的话题性很强，能带动用户参与进来

（二）用户社群运营

论坛可以说是一个有共同兴趣和话题的社群，所以企业在论坛中运营推广产品和服务，主要是对论坛用户的社群运营。

企业的论坛运营推广的注意事项如表 6-5 所示。

表 6-5　企业论坛运营的注意事项

企业论坛运营 的注意事项	推广团队	推广团队长期、专业的推广，是论坛营销的核心
	营销话题	可以通过话题性强的内容，促进论坛用户的交流
	引导回帖	引导论坛中帖子的内容往企业积极方面发展
	更新内容	经常更新论坛中内容，保持帖子活力

（三）培养塑造领导人物

在论坛中培养塑造领导人物，能在很大程度上带动其他用户参与，从而进一步引导潜在用户关注企业产品。

图 6-32 所示是企业培养意见领袖、推广产品和服务的具体步骤。

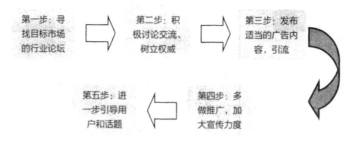

图 6-32　培养意见领袖、推广产品和服务的步骤

（四）发帖推广

企业论坛营销最主要的方式是发帖推广，通过内容合适恰当的帖子来引导话题，带动潜在用户积极参与，进一步引流。

在论坛发帖推广主要有 6 种类型，如表 6-6 所示。

表 6-6　论坛发帖推广的 6 种类型

	事件型	利用社会热点实践，吸引读者眼球、赚取点击和转载
	亲历型	利用自己身边朋友的亲身经历、展现真实效果
论坛发帖推广 的 6 种类型	解密型	以独特角度，对产品进行客观剖析
	求助型	直接提出问题和需要帮助的需求，在其中植入产品
	分享型	分享收获、分享体验，给用户一定的参考
	幽默型	幽默有趣的帖子，能带动用户参与，并使人印象深刻

四、常用于媒体推广的论坛平台

（一）百度贴吧

社交平台历经了论坛、Blog、SNS、微博、微信等历代更迭，很多比较好的社交平台逐渐销声匿迹，唯独贴吧长盛不衰。历经多年风雨后，贴吧用户还呈现出了一种年轻化的趋势，不得不说这是很值得研究的一个现象。

百度贴吧作为一个以用户原创内容为核心的社交平台,积累了庞大的用户群,这为贴吧成为连接者创造了先决条件,所以百度贴吧从 2013 年年底开始平台化,邀请品牌入驻,根据用户关注的话题进行细分的各种主题"吧"来开展社群营销。

作为搜索引擎的百度,具有天然流量和入口优势,也意识到用户搜索的关键字很有可能正是他们想要讨论的话题,与其费劲心思把优质论坛顺序排到搜索结果的前面,还不如直接利用用户的搜索关键字来生成贴近用户需求的论坛。于是,一个利用搜索引擎内容作为补充的贴吧就这样油然而生了。而作为一个去中心化的平台,百度贴吧也迅速成为网络社群最主要的孕育之地。

1. 百度贴吧的特点

百度贴吧的低门槛、娱乐性、开放性、草根性深深地吸引住了用户。从产品的定位来说,百度贴吧从一开始就是以"主题互动社区"定位的。与当时同为社区的 BBS 论坛相比,还是存在很大不同的。

BBS 论坛强调对于整体的交流,而百度贴吧是基于兴趣点的拓展,非常细化,针对一个人、一个关键词、一个兴趣点就能建立贴吧,聚集起一批用户,一起交流、互动。

例如,百度贴吧里的"美容吧",就是聚集了一批为了美丽蜕变,且共同坚持并努力追求着的人群。如图 6-33 所示,此吧的关注人数已高达 160 多万人,帖子个数有 514 万多个,可见贴吧是多么吸引人。

下面就来进一步了解百度贴吧吸引人的一些特点,主要包括平台开放性、信息搜索便捷性等特点。

(1)平台开放性。这个平台成为了人们的理想社交平台,主题范围非常广,让那些小众话题的用户同样可以找到志同道合的人,用户黏性非常强,用户愿意长时间在贴吧中活动。

图 6-33 "美容吧"百度贴吧页面

（2）信息搜索便捷性。当用户在网上搜索信息时，又多了一条搜索路径，用户可以进入关键词相关的贴吧查看信息。并且贴吧内的信息都会由贴吧管理者在众多帖子中筛选，筛掉一些广告性较强、不文明的帖子。

2. 贴吧版块的介绍

百度贴吧有很多板块，在板块下又细分了很多"吧"，将某一个笼统的局面细分、精分成为不少的细小"吧"，让用户可以根据自己的喜好、兴趣来选择，哪怕是小众的爱好，在百度贴吧上也能找到或建立相应的"吧"，从而找到志同道合的朋友。

例如，百度贴吧的"爱综艺"板块，被分成了多个小类别，具体如图 6-34 所示。

在综艺板块"内地综艺"类别中，有多个细分的"小吧"，如图 6-35 所示。

3. 基于兴趣话题的社群

贴吧给予了用户之间平等的对话权，分割出不同类型的封闭环境。

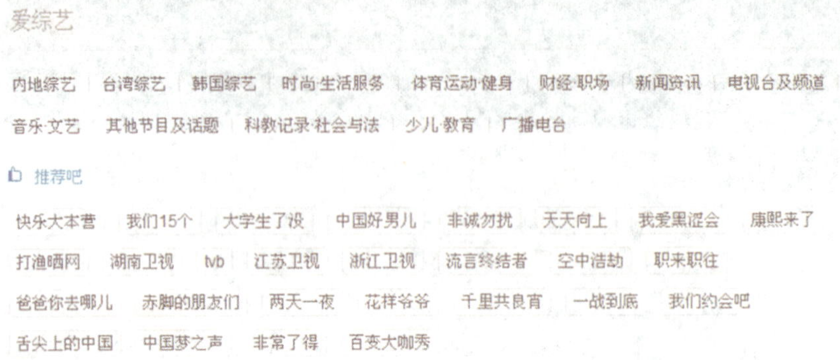

图 6-34　贴吧"爱综艺"版块类别

图 6-35　贴吧"综艺"版块的"内地综艺"分类

　　在百度贴吧里,社群成员可以搜索、跳转不同的关键词,这一功能能让社群成员自己掌握自己的行动,而无须等待任何人,可随时随地进行。

　　无论是摄影还是旅行,只需要用一个关键词搜索,就能在百度贴吧中聚集一群有共同想法、兴趣爱好的人,一起畅谈对话题的看法,进而一起寻求有关话题的不解之谜,一起创造出其他的话题。

并且,百度贴吧也从来不是一成不变的,而是随着社群的不断壮大,社群成员的兴趣可以随时进行调整。社群成员在贴吧里可以自由畅谈,贴吧的自由性也是它的魅力所在。

用户能在百度贴吧里找到真实的自我,释放压力、分享喜悦甚至交流传递情感,这也是百度贴吧经久不衰的原因之一。

百度帖子和用户串接在一起所形成的关键词、话题,缔造出了"喵星人""lolita"等流行热词和异彩纷呈的网络文化,这也为百度贴吧建立了一道护城墙,使贴吧不会在互联网更迭如此快的时代倒下。

4. 企业社群营销的基石

当百度贴吧聚集了大量的年轻用户,影响力日益扩大的时候,百度贴吧的商业价值也在不断扩大,这无疑不验证了凯文·凯利在《技术元素》一书中所说的:"目光聚集的地方,金钱必将追随"。

百度贴吧是一个用户原创内容平台,正是因为这样,也在很大程度上增强了百度整体的媒体属性,制造了搜索热点和话题,提升了社会影响力。

中国互联网的粉丝文化就发源于百度贴吧。贴吧因其"社会性""话题性"特征,在如今这个需要"新"的社会时代下,能让网友找到放松、感兴趣的切入点。

社交需求是人们的重要需求,我们首先寻找到社群归属,然后才是使用工具。而在百度贴吧的推动下,强化了个人的账号体系,同时也有助于百度以账号为基础,逐步构建庞大的百度生态体系。

百度贴吧在给人们提供社群交流的平台时,还会积累大量的数据,能够帮助百度更好地建立起用户的兴趣图谱,这是未来百度人工智能战略的重要组成部分。

由此可见,百度贴吧是企业进行社群营销的基石之一。

（二）豆瓣

豆瓣是一个集品味、表达和交流于一体的社区网站，其中豆瓣品味系统主要包括读书、电影、音乐；豆瓣表达系统主要包括我读、我看、我听；豆瓣交流系统主要包括同城、小组、友邻。

图 6-36 所示是豆瓣 PC 端官网首页，用户可以在豆瓣平台浏览各种信息。

图 6-36　豆瓣官网首页

在豆瓣上，用户可以搜索、浏览感兴趣的话题专栏，观看其他用户对话题和作品的相关评价，同时也可以在注册登录豆瓣账号后，自由地发表有关书籍、电影、音乐等的评论。

例如，单击进入豆瓣读书页面，此页面除了"新书速递"推荐的一些作品外，还有许多不同类型的热门标签，如图 6-37 所示，包括文学、流行、文化、生活、经管、科技等。

如图 6-38 所示，单击豆瓣读书"流行"类型中的"武侠"标签，跳转进入武侠类图书的相关页面。"武侠"标签下有《有匪 1：少年游》《天龙八部》《三少爷的剑》《笑傲江湖》等著名的武侠作品。

图 6-37　豆瓣读书页面

图 6-38　豆瓣读书"武侠"标签页面

  图 6-39 所示是豆瓣电影版块的相关页面,此页面除了显示正在热映的电影外,还有"选电影""电视剧""排行榜"等专栏。而且豆瓣平台支持选座购票观看,用户单击页面中的"选座购票"按钮,即可进入相关的购票页面。

图 6-39 豆瓣电影版块的页面

  豆瓣最为特别的地方,在于它评论的自由性、互动性。用户既能通过浏览他人的评论来侧面了解作品的质量,也可以发表自己观看过的作品的评论,这些评论能为其他用户提供参考。

  图 6-40 所示是动漫电影《头号玩家》的评论页面。该电影目前已有 40 多万用户点评,豆瓣评分 8.8 分,电影口碑非常不错。

头号玩家 Ready Player One (2018)

导演: 史蒂文 斯皮尔伯格
编剧: 扎克 佩恩 / 恩斯特 克莱恩
主演: 泰伊 谢里丹 / 奥利维亚 库克 / 本 门德尔森
　　 / 马克 里朗斯 / 丽娜 维特
类型: 动作 / 科幻 / 冒险
官方网站: readyplayeronemovie.com
制片国家/地区: 美国
语言: 英语 / 日语 / 汉语普通话
上映日期: 2018-03-30(中国大陆) / 2018-03-11
(西南偏南电影节) / 2018-03-29(美国)
片长: 140分钟
又名: 玩家一号 / 挑战者1号(港) / 一级玩家(台) /
一号玩家
IMDb链接: tt1677720

豆瓣评分
8.8
★★★★☆
428261人评价

5星 54.4%
4星 34.9%
3星 9.4%
2星 1%
1星 0.4%

好于 98% 科幻片
好于 97% 冒险片

想看　看过　评价
✎ 写短评　✎ 写影评　+ 提问题　分享到　　　　　　　　　　　　　　　　推荐

豆瓣成员常用的标签
科幻　虚拟现实　游戏　VR　美国
2018　冒险　动作

头号玩家的剧情简介·······

　　故事发生在2045年，虚拟现实技术已经渗透到了人类生活的每一个角落。詹姆斯哈利迪（马克 里朗斯 Mark Rylance 饰）一手建造了名为"绿洲"的虚拟现实游戏世界。临终前，他宣布自己在游戏中设置了一个彩蛋，找到这枚彩蛋的人即可成为绿洲的继承人。要找到这枚彩蛋，必

图 6-40　动漫电影《头号玩家》的评论页面

对于图书、影视等相关企业的网络营销推广人员来说，可以充分利用豆瓣的评分系统，引导发布评论以提高产品评分，用更多的正面评论来吸引潜在用户。

（三）天涯

天涯论坛是一个综合性的虚拟社区，在全球范围内都具有较大的影响力。天涯社区自创建后，以其充满人文关怀为核心特点，受到国内用户乃至国外华人用户的关注。

天涯论坛首页主要包括天涯主版、天涯网事、天涯别院、区域论坛、旅游论坛、职业交流、大学校园、天涯问答等主题版块，具体如图 6-41 所示。

用户可以根据自己的喜好进入浏览相关版块的内容，图 6-42 所示是"天涯问答"版块的"敢问敢答"专栏。用户可以在此提问和作答，结交各地的天涯网友。

除了论坛模块外，天涯社区还有聚焦、部落、博客、问答、文学、打赏、游戏、理财、众筹等主题模块。

图 6-41　天涯论坛首页

图 6-42　"天涯问卷"版块的"敢问敢答"专栏

　　图 6-43 所示是天涯部落模块页面,用户在"部落"里可以分享、观看各种趣味帖子,除此之外,天涯部落还举办部落活动、推选部落英雄。

图 6-43　天涯部落模块页面

图 6-44 所示是天涯文学模块页面,里面有各种类型的文学作品,具体包括现代都市、现代言情、浪漫青春、古代言情、奇幻玄幻、武侠仙侠等多种类型。

图 6-44　天涯文字模块页面

　　浏览天涯社区里帖子的内容是不需要注册登录的,但个人用户要想使用评论、发帖、打赏等功能就需要先登录。如图 6-45 所示,登录天涯社区需要先注册一个天涯账号,用户可以通过天涯账号来登录,也可以通过 QQ、微信、微博等应用授权登录。

图 6-45　天涯账号登录

　　图 6-46 所示是用户登录天涯社区后的个人中心,在个人中心里有我的帖子、我的回帖、我的相册、所属部落、我的随记、我的徽章、我的书架、我的订单、我的问答等主题专栏,用户通过相关专栏能方便快捷地管理自己的账号。

图 6-46　用户个人中心页面

天涯社区是热点的聚集地,对企业的运营推广而言,应该充分利用天涯庞大的用户群体,积极发帖引导话题来促进营销推广,也可以寻找与自己产品相关的知名天涯版主来合作,打响企业品牌,推广企业产品。

第七章　新媒体产业及其发展

"内容为体，技术为酶"是新媒体的本质特征。用数字化技术生成、制作、管理、传播、运营和消费的文化内容产品及服务，具有高增值、强辐射、低消耗、广就业、软渗透的属性。新媒体的出现和成长促进了社会经济经营方式和商业思维的变革，甚至影响着世界传播的新秩序。本章主要介绍新媒体产业及其发展。

第一节　作为产业的新媒体

一、新媒体产业的界定

新媒体产业是以信息和数字技术为主导，以大众传播理论为依据，将信息传播技术应用到文化、艺术、商业、教育和管理领域的技术与艺术高度融合的产业形式，是在以"体验和共享"为标志的新经济形式下，由文化创意产业、信息产业、传媒产业相融合产生的一种新型的产业形态。当前，数字动画、游戏、数字影视、数字出版、网络广告等数字媒体技术得到了飞速发展，并促进了以新媒体技术与艺术为主要支撑的新媒体产业的发展。

中国社会科学院新闻与传播研究所、社会科学文献出版社在北京联合发布新媒体蓝皮书《中国新媒体发展报告（2013）》。该报告指出，在新媒体应用上，我国超过两亿用户的新媒体应用就有十几项之多，以大数据、云计算为代表的新兴业态不断呈现，中国移动、百度、腾讯、华为等企业已经成为走向世界的中国新媒体应用民族品牌。2013 中国新媒体发展十大趋势为：网民总数将超过 6 亿；微信用户将呈爆发式增长；大数据带动各产业调整结构；新闻网站上市步伐加快；新兴媒体技术及基础设施将快速发展；

中国新媒体自主创新能力将大幅提升;新媒体将重塑其他产业格局;各种新的应用快速增长;新媒体将成为提高执政能力的重要手段;新闻的移动化传播将成常态。蓝皮书同时盘点了新媒体产业的十大热点,包括移动互联网、微信、微博、大数据、云计算、社交媒体、三网融合、宽带中国、智慧城市与物联网、移动应用 APP 和 OTT TV 等,涵盖了新媒体产业软硬件的基础设施建设、内容提供商和信息服务业。

横向上,新媒体产业按照媒体形态的区别可以划分为两大阵营。第一阵营是以网络媒体产业、手机媒体产业及互动性电视媒体产业为代表的新兴媒体产业;第二阵营则是以楼宇电视产业、移动电视产业为代表的新型媒体产业。当然,网络媒体产业、手机媒体产业和互动性电视媒体产业都可以进行市场细分。网络媒体产业包括门户网站产业、搜索引擎产业、网络社区产业、博客产业、播客(网络视频)产业、网络游戏产业、即时通讯产业、网络出版产业(包括网络报纸和网络杂志)、网络广播产业、RSS 产业、维客产业等细分产业;手机媒体产业细分为短信产业、彩信产业、彩铃产业、手机出版产业、手机广播产业、手机电视产业等;互动性电视媒体产业又包括数字电视产业和 IPTV 产业。

纵向上,按照盈利模式的不同,新媒体产业可以区分为新媒体广告产业和内容产业两个部分。广告是所有媒体的基础盈利模式,新媒体广告具备传统媒体广告的一般特征,主要向企业类广告主收取费用,而因为承载于"新媒体"这种新的媒体形态,新媒体广告又具备了一些不同于传统媒体广告的特征,如多元化、互动性、个性化等。内容产业是新媒体产业区别于传统媒体产业的盈利模式,它主要以新媒体为平台,销售内容和服务,收入来源主要是以内容、服务等向个人客户收取的相关费用。

在新媒体产业盈利模式的两个部分中,内容产业占主体,广告产业处于依附和从属地位。随着新媒体产业的不断发展,内容产业的比重还会继续增加。

二、新媒体产业的基本特征

新媒体产业作为文化创意产业的重要组成部分,是第三产业的重要分支,也是国民经济发展不可分割的有机成分。同所有"产业"一样,新媒体产业具备各种产业化特征和产业经济属性。根据产业经济学的诠释,"产业"这一概念属于中观经济学的范畴,它指具有某些相同特征或共同属性的或生产同一类产品的企业、组织、系统或行业的组合。新媒体产业具备所有产业共有的经济学属性。

首先,新媒体产业具有集群性。单个企业不能构成产业,只有一系列相互联系的企业、组织、系统或行业按照某种规律组合在一起,才能称其为产业。新媒体产业是由新媒体硬件制造商、内容提供商、服务提供商、运营商等不同环节组合而成的,每一个环节都与前后环节存在竞合关系。集群性可以使新媒体产业降低成本,形成规模效应,促成规模经济和范围经济。

其次,新媒体产业的价值链具有增值性和循环性。构成新媒体产业价值链的各个组成部分是一个有机、统一的整体,每一个价值链环节都由大量的同类企业构成,以内容生产、服务集成为主的上游产业链环节同以平台运营、产品营销为主的下游产业链环节紧密关联、相互制约、相互依存,各环节交换物质、信息和资金,共同推进新媒体产业的价值递增。

再次,新媒体产业具有生产性。新媒体产业的产品是无形的内容,它通过对思想、文化、意识形态等的整合、加工和重构,不断地生产无形的内容产品,为社会创造价值,成为国民经济的重要组成部分。

当然,新媒体产业作为文化创意产业的重要分支,除了具备所有产业的普遍属性之外,还有其特殊性;也正是这些特殊性,将新媒体产业同物质生产部门及传统媒体产业区分开来。

（一）新媒体产业具有意识形态属性和文化属性

新媒体产业不同于以物质生产为主的第一产业和第二产业,

它属于广义的文化产业,具有意识形态属性和文化属性。众所周知,媒体具有双重属性,即事业属性和经济属性。媒介既是社会公共服务单位,也是经济单位;既为统治阶级和社会公众服务,也为自身在市场经济中的竞争和生存追求利益最大化。媒介产业化是媒介经济属性的延伸,但同时也不可能摆脱事业属性的渗透和制约,媒介产业的意识形态属性和文化属性正是其事业属性的表征。

任何媒介产业都处于特定的社会环境中,不可避免地被注入该社会的意识形态和文化精神,新媒体产业也不例外。文化研究学派的领袖人物斯图亚特·霍尔在《"意识形态"的再发现》一文中指出,现代文化领域是一个"意识形态战场,不同文化形式在这里相互争夺霸权,占主导地位的意识形态,就是在各种话语斗争的事件中被制造出来的",新媒体的互动性、草根性、个性化等特点为意识形态的互动提供了足够的平台和运作空间,也就在客观上将各种意识形态渗透进新媒体内容产品中,使得新媒体产业相对于传统媒体产业更加强调意识形态的相互作用,而不是主导意识形态的绝对控制。

作为文化创意产业的重要分支,新媒体产业是一种新型资源产业,文化、信息和教育等新型资源是产业的主导[①],并赋予新媒体产业以鲜明的文化属性。新媒体产业所生产的内容产品从本质上说是一种文化产品,具有文化产品的基本特征。从这个角度来说,新媒体产业的产品既要包含社会基本价值观和思想文化精神,又要满足消费者对新媒体产品"使用价值"的功能性需求,而这种功能性需求在很大程度上也要通过思想文化精神来满足。

(二)产业融合是新媒体产业的特质和发展方式

从某种意义上说,新媒体产业最为典型地承载和反映了媒介融合的时代背景。

---

① 宫承波,闫玉刚.文化创意产业总论[M].北京:中国广播电视出版社,2008.

　　首先,新媒体产业本身就是"媒介融合"的产物。例如,在网络媒体的细分产业中,网络报纸是互联网与传统报纸融合的结果,网络广播电视则是互联网同传统广播电视融合的产物;类似的,在手机媒体的细分产业中,手机报纸是手机媒体与传统报纸的融合,手机广播电视则是手机与广播电视的融合。新媒体技术是新媒体产业兴起的先导力量,然而,仅仅依靠技术并不能推动新媒体产业的发展,"内容"才是这一过程中的关键因素。由于新媒体本身并没有足够的内容积淀,因此,它只能借助"媒介融合"的力量从传统媒体和其他新媒体中获得内容资源。另外,新媒体形式的创新也需要"媒介融合"的推动,无论是诸如数字电视、IPlV的硬件融合,还是诸如网络杂志、手机报纸的软件融合,都是在媒介融合的思想指导下诞生和发展的。

　　其次,产业融合是新媒体产业的生存和发展方式,是新媒体产业存在、发展不可或缺的基础条件。"融合"是新媒体产业与生俱来的特质,也是推动新媒体产业向前发展的中坚力量。新媒体技术、形态、内容不断融合,推动新媒体产业链和价值链的有机整合,为新媒体产业带来新的业务模式和盈利模式。新媒体产业的融合式发展,"不但促进了新兴信息传播产业形态的形成,同时也促进了新的信息传播产业生态环境及新的产业结构的形成"①。

　　(三)新媒体产业是增强国家软实力和硬实力的生力军

　　从根本上说,一个国家的发展和成长在于综合国力的提升,这不仅需要提高科技、经济、军事等"硬实力",也需要增强思想文化精神以及意识形态的影响力和控制力,即"软实力"。

　　一方面,新媒体产业以全新、互动、平民化的传播载体为运营平台,以一种"去中心化"的传播方式,将用户或消费者紧密地联系在一起,提高了软实力传播的情感联动力,增进了文化传播及意识形态渗透的效率和效力。要提高国家的软实力,就需要利用

---

① 傅玉辉.大媒体产业:从媒介融合到产业融合——中美电信业和传媒业关系研究[M].北京:中国广播电视出版社,2008.

媒介进行思想文化精神和意识形态的传播。新媒体的兴起及产业化,大大改变了传统的媒介生态环境,也改变了构建与提升国家软实力的传播环境和传播手段。新媒体产业的崛起和迅速发展,为提升国家软实力提供了关键平台和全新渠道,成为增强国家软实力的生力军。

另一方面,新媒体产业本身是国民经济的重要组成部分,甚至是国民经济的支柱或推动力量,能够像物质生产部门一样直接贡献于国民经济,从而通过提高经济水平来增强国家的"硬实力"。另外,新媒体产业作为信息产业的重要分支和最新发展,能够为国家的信息化战略提供网络平台,推动军事信息化和国防信息化建设,从侧面提升国家的"硬实力"。

(四)新媒体产业模式具有内在的不稳定性

相对于传统媒体产业,新媒体产业从发展之初就表现出明显的融合性、竞争性和变动性。融合性是由新媒体产业所处的"媒介融合"的时代背景决定的,新媒体产业的发展壮大又反过来印证和重构了"媒介融合"的内涵;竞争性是每个产业形态的基本特征之一,但在新媒体产业中体现得尤为突出,原因之一便是新媒体产业的融合式发展使得上下游产业链环节之间不断渗透、整合,加剧了产业链各环节的竞合重组;融合性和竞争性相互激荡,塑造了新媒体产业与时俱进的变动性。目前,新媒体产业的这种变动性大多表现为一种良性的、积极的变动,即日新月异的增势发展。

新媒体产业的融合性、竞争性和变动性,使新媒体产业模式也具有了内在的不稳定性。产业模式只有不断调整、完善,才能适应不断发展变化的新媒体产业结构的要求,适应整合后的产业链和价值链的要求,适应新媒体产业内外部市场竞争的要求。

新媒体产业模式的内在不稳定性实际上是新媒体产业链寻求自身稳定的合理应答。由于新媒体产业具有融合性、竞争性和变动性,新媒体产业链也不断整合、变化,这就造成了新媒体产业链的不稳定,而产业链本身具有趋向稳定的内在要求和本质属性,因此它必然要寻找能够使产业链各环节趋向平衡的作用机制,唯一出路就是根据需要不断调整产业模式。

三、新媒体产业模式

如果要对新媒体产业做产业归类,那么它既可以归入文化创意产业,也可以归为信息产业,或者在某种意义上,新媒体产业就是文化创意产业与信息产业交叉融汇的结晶。从这个角度来说,新媒体产业具有相当复杂的经济学属性和产业定位,因此,新媒体产业的运行模式也必然错综复杂,要对新媒体产业模式做出全面、深入、概化的分析绝非易事。有鉴于此,笔者列举了分析新媒体产业模式的一般要素,试图从这几个要素入手,对新媒体产业模式做一个框架式的梳理。

(一)新媒体价值链与产业链

迈克尔·波特在《竞争优势》一书中指出:"每一个企业都是用来进行设计、生产、营销、交货等过程及对产品起辅助作用的各种相互分离活动的集合。"因此,对新媒体产业模式的认识要从对其价值链和产业链的把握入手。

一方面,新媒体产业作为一个集群,聚合了众多围绕新媒体核心产品的新媒体企业,每个新媒体企业都具备至少一条价值链,众多企业价值链条按照内在的生产经营联系连接、整合在一起,建构了新媒体产业的价值网络。新媒体产业作为文化创意产业的重要分支,其最重要的价值创造活动就是新媒体内容的生产制作。围绕内容生产制作,新媒体产业内部形成了内容产业价值链,而内容产业是受市场机遇影响极大的产业,许多内容产品的开发和生产随市场机遇的出现而开始,随市场机遇的消失而结束。因此,新媒体产业价值链具有基于市场的多变性。

另一方面,新媒体产业作为信息经济的新形态,继承了信息经济高度的行业渗透性特征,其产业价值链与其他行业的价值链环节相结合,形成多样而开放的价值网络体系。在这一价值网络内,新媒体产业可以将精力集中于核心价值链和优势业务环节上,而将外围价值链环节交由其他相关企业。新媒体产业这种具有高度渗透性的价值链不仅能够优化资源配置,将规模经济和范围经济效应转化为规模经济和范围经济优势,也进一步拓展了新媒体产业对产业主体和价值要素的统摄力与凝聚力。

　　从产业链角度来看,完整的新媒体产业链一般包括两大部分——内容产业链和广告产业链。其中,内容产业链包括内容提供商、服务提供商、运营商、平台提供商、新媒体用户、设备制造商、终端提供商、技术提供商等环节;广告产业链则包括广告主、广告商、运营商、平台提供商、终端提供商、调查监测机构等环节。从图 7-1 可以看出,内容产业链与广告产业链各环节自成一体而又相互交叉、相互融合,共同构建了完整的新媒体价值网络和产业链。

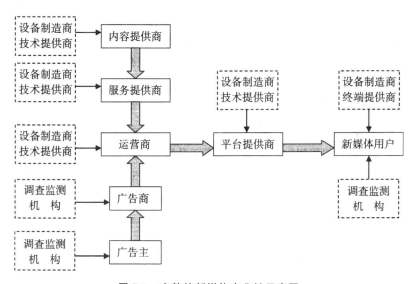

图 7-1　完整的新媒体产业链示意图

　　内容提供商(CP)是负责新媒体内容创意和生产制作的企业、机构或个人。具体来说,新媒体的内容提供商主要有 3 种:一是专业的内容生产制作机构,包括影音视听制作企业、新媒体游戏研发公司等;二是各种传统媒体,包括报纸、期刊、广播、电视等,这些传统媒体以其长期积累的丰富的内容资源成为新媒体的重要内容提供商;三是新媒体用户,新媒体的互动性和草根性使得新媒体用户也拥有了充分的话语权和媒介使用权,用户创作的各种内容成为新媒体产业的重要内容来源。

服务提供商(SP)是新媒体业务和服务的直接提供者,一般是指新媒体增值业务的提供商,负责根据用户的要求开发和提供适合新媒体用户的业务或服务,并通过运营商向用户收取费用。服务提供商和内容提供商都可以算作新媒体内容产业链的上游环节,二者共同为新媒体产业创造内容并提供服务,难免在功能、利益等方面存在掣肘和竞争,这就需要从产业模式最优化的角度出发协调和平衡二者之间的关系。

运营商包括电信运营商和网络运营商两种。电信运营商是指提供固定电话、移动通信等电信服务的运营商;网络运营商是指提供互联网接入等网络资源的运营商,它又包括固定网络运营商、移动网络运营商、数字广播网络运营商等。许多运营商兼具电信运营和网络运营的双重功能,他们拥有骨干和核心网络资源,通过建立虚拟网络来运营业务和服务。运营商可以看做介于新媒体上游产业链和下游产业链之间的中游环节。

平台提供商是新媒体内容和服务的接收终端或呈现平台,是新媒体内容和服务到达用户前经过的最后一个环节。新媒体用户通过这个平台最终接收到新媒体内容和服务,电视台、门户网站、电子商务站点等都可以作为新媒体产业的平台提供商。

设备制造商也可以视作终端提供商,是指为新媒体产业链各环节制造硬件设备、为新媒体用户提供接收终端的企业。从产业类型上来说,设备制造商和终端提供商属于制造业范畴,因而在以内容产业和广告产业为主体的新媒体产业价值网络中,设备制造商和终端提供商处于外围价值链上,但仍然不可或缺。

技术提供商是指为新媒体产业链相关环节提供技术支持的企业,它是新媒体产业运行的软件和技术提供者。同设备制造商和终端提供商一样,技术提供商也处于新媒体产业的外围价值链上,是新媒体产业的附属价值创造环节。

广告主是新媒体广告产业链的上游环节,同传统广告产业一样,广告主是广告活动的发起者,是利用新媒体来宣传和发布产品信息的各种经济实体,包括企事业单位、其他组织机构和个人。广告主根据广告效果或新媒体用户接收率向广告商支付费用。

广告商又称广告公司或广告代理商,是专门经营广告业务活动的企业。广告商通过向广告主收取广告费赚取利润。

调查监测机构是指为新媒体产业各环节进行市场调查和用户调查的专门机构,包括市场研究公司、广告效果监测机构、媒介调查机构等。调查监测机构对新媒体内容和广告的传播效果、用户行为等指标进行综合评估与分析,为新媒体上游产业链各环节进行下一步的生产营销提供决策依据,为新媒体用户顺畅地反馈信息提供便利条件。

综上,新媒体产业链各个环节相互联系、相互作用,共同构建了新媒体产业的价值网络。在新媒体产业链中,并不是所有环节都处于平等地位,内容提供商、服务提供商、运营商、平台提供商以及新媒体用户组成了新媒体内容产业的核心价值链;广告主、广告商、运营商、平台提供商和新媒体用户另外组成了新媒体广告产业的核心价值链;设备制造商、终端提供商、技术提供商以及调查监测机构则形成围绕在核心价值链周围的附属价值链条。一个合理的新媒体产业模式,必须不断延伸和拓展核心价值链和关键产业链环节,增强附属价值链的贡献度和价值创造能力。

(二)新媒体产业盈利模式

盈利模式是产业用来实现价值增值的必要手段,可以为维持产业链与价值网络顺利运行提供资金保障;而产业链和价值链又可以反作用于盈利模式,为盈利模式的完善设定选择范围。

新媒体产业的盈利模式同新媒体产业链和价值链密切相关。与构成新媒体产业链的两个部分——广告产业链与内容产业链相匹配,新媒体产业的盈利模式一般也由广告产业和内容产业两部分组成。

广告产业是指新媒体产业通过出售依附于其中的广告资源，如时间、空间等，从中获得收入而形成的盈利模式。广告产业也是传统传媒产业的盈利模式，是传统媒体唯一的盈利渠道。新媒体产业移植了传统媒体的广告营销模式，并赋予新媒体广告更多的新媒体特性。诸如贴片广告、植入广告、影音广告等传统媒体的广告形式在新媒体产业中得到延续，同时，还出现了许多具有互动性和个性化的新的广告形式，如 Flash 广告、网页弹出广告、按钮广告、旗帜广告、点播广告、等候页面广告、手机广告等。这些新的广告形式不仅使得广告效果进一步加强，也增加了新媒体广告的观赏性，在一定程度上起到了丰富新媒体内容的作用。

新媒体广告从本质上说是对新媒体内容和服务的二次售卖。新媒体通过内容和服务吸引了相当数量的用户资源，并按照用户的数量（广告的覆盖率或到达率）和质量（用户的结构特征和消费能力）将广告资源出售给广告商和广告主，达到赚取利润的目的。

如果说广告产业是传统媒体和新媒体共有的盈利手段，那么内容产业则是新媒体产业独有的、新的盈利渠道，是新媒体产业区别于传统媒体产业的重要标志。所谓内容产业，即新媒体通过提供内容和服务盈利。内容产业又可以细分为两种不同的盈利类型，一种是通过内容创意制作和内容售卖盈利，另一种则是通过提供服务盈利。

通过内容创意制作和内容售卖盈利，包括新媒体内容资源的有偿下载、有偿阅读、有偿视听、有偿参与等[1]。有偿下载存在于与网络媒体相关的内容产品，包括固定网络媒体、移动网络媒体以及互动性电视网络媒体中需要付费下载的各种内容资源；有偿阅读是指用户需要为新媒体文本内容支付一定费用，如网络报纸、网络杂志、手机报纸等；有偿视听是指用户在使用网络视频、网络广播、广播电视、互动性电视中的收费节目等新媒体影视音

---

① 吴江文. 新媒体盈利模式探析[J]. 当代传播. 2010(1).

乐资源时,需要支付一定的费用;有偿参与则主要存在于新媒体游戏之中,包括用户在网络游戏、手机游戏中支付虚拟货币、购买游戏账号等。

通过提供服务盈利也是新媒体内容产业的重要盈利类型。最常见的新媒体服务方式包括基础服务业务和增值业务两类。新媒体的基础服务业务依据媒介类型的不同而不同,比如网络媒体的基础服务业务有电子商务,为企业、商家提供网络平台、为内容产业的下载售卖提供平台等;手机媒体的基础服务业务包括语音通话、短信等基本通讯功能;互动性电视媒体的基础服务业务则包括直播电视、音视频点播、时移电视等音视频服务。除了基础服务业务,新媒体的增值服务也是新媒体产业的重要利润来源,如网络游戏中的道具售卖、虚拟社区中的会员服务,手机出版、手机广播电视、手机游戏、移动互联网,互动性电视媒体基于IP技术的互联网应用,如网页浏览、电子商务、在线网络游戏、远程教育、网络电话等业务。相对于基础服务业务,增值服务业务的利润增加不单纯依靠用户数量,而更注重用户结构和业务自身的盈利能力,因此为新媒体产业价值链的延伸和拓展提供了巨大空间。

(三)新媒体产业机构模式

所谓产业机构模式,是指产业机构的组织形式。它是一个产业顺利运行的组织保证,是产业模式的重要方面。分析新媒体产业机构模式,就是分析新媒体产业集群中各新媒体企业或机构的联结、组织和运行方式。

在一个产业体系内部,企业组织机构是构成产业内部生态环境的主要元素,企业组织机构的对外关联则体现着产业的发展特点,企业与企业之间的关系也构成了产业内部结构的核心内容[①]。在传媒产业发展过程中,基本形成了两种传媒产业机构模式,一

---

① 傅玉辉. 大媒体产业:从媒介融合到产业融合——中美电信业和传媒业关系研究[M]. 北京:中国广播电视出版社,2008.

是分散式机构模式,二是集团化机构模式。分散式机构模式是指在一个传媒产业集群中,各机构独立运营,不同产业之间虽然存在较多企业的往来和经济联系,但无论是在地理空间还是在经营管理等方面都比较分散,一体化程度不高;集团化机构模式则强调各传媒企业实体之间紧密的组合方式,产业集群中的各企业作为一个联合体而存在,它可以有效地整合传媒资源,将分散的资源和力量整合为强大的合力,从而提高传媒产业的竞争力,促进产业发展。

新媒体产业作为传媒产业的一部分,同样存在以上两种产业机构模式。一般来说,在新媒体产业发展初期,往往采用分散式的机构模式。比如在目前我国新媒体产业集群中,电信产业与网络媒体产业虽然在价值链上存在各种交叉合作,但二者在许多方面相互掣肘、利益博弈的现象比较明显,在产业机构设置上往往各自为政,专注于自身环节的利润获取。当新媒体产业发展到一定阶段之后,集团化的产业机构模式将会逐渐取代分散式机构模式。新媒体集团化发展并不是人为地采用行政性手段组建行政性或事业性企业集团,而是由市场规律决定的,是顺应传媒产业自身发展规律的结果。

需要指出的是,新媒体产业机构模式并没有好坏之分。作为知识经济和信息经济的新媒体产业,它的虚拟化属性、价值渗透性以及高度的集群化特征,使得它在发展初期能够相对容易地将各个价值链环节联系在一起,不管这些价值链所映射的产业机构是分散布局还是集团化布局。因此,无论是分散式机构模式还是集团化机构模式,只要与当前新媒体产业发展阶段和状况相适应,都能促进产业高效发展。

但是,从长远来看,集团化是新媒体产业机构模式的发展趋势。新媒体产业的集团化与传统媒体产业不同,主要表现在两个方面:一方面,新媒体产业集团化的产业跨度大,产业类别从制造业到文化产业,从电信业到传媒产业,产业跨度之大,为传统媒体产业集团所不及;另一方面,新媒体产业机构的集团化发展是建立在既有的产业集团基础之上的,是对产业集团的"再集团化",预示了媒介融合背景下"大传媒产业"的发展趋势。

(四)新媒体产业管理模式

管理模式指企业管理者从特定的管理理念出发,在管理过程中固化下来的操作系统或管理方法。虽然企业管理模式是从微观层面对独立的企业个体进行管理层面的分析,而非直接针对产业模式的宏观探讨,但管理模式是从企业管理的角度对产业模式的解构和细化,了解新媒体企业管理模式,对探索新媒体产业模式具有重要的参考价值。

在管理学中,无论任何管理学派,都首先判定"人"在企业管理中的地位和价值,然后再确定管理途径和手段。可见,"人"的因素是管理模式确定过程中的首要和本质的因素。实际上,现代管理者越来越意识到"人"在企业管理中的核心地位和首要价值,"以人为本"成为现代企业管理模式的关键和标志,这同样体现在新媒体企业的经营管理之中,甚至在新媒体产业中体现得尤为明显——"以人为本"的现代企业管理模式在新媒体产业中表现为"以用户为本"。

从新媒体产业链的构成中可以看出,用户在新媒体产业链和价值网络中居于核心地位。无论是新媒体内容的制作传输、新媒体服务的提供,还是新媒体广告的发布传播,都是以新媒体用户为最终接收者和反馈者。用户的需求和反馈将新媒体产业上下游产业链连接起来,形成一个闭合循环的价值增值网络。在新媒体企业管理中,用户也处于核心和关键的位置,新媒体企业的制度性管理需要听从用户的需求指向,从而形成一种介于制度化管理模式和温情化管理模式的新媒体管理模式——制度化管理模式适应现代企业的标准化、流水化作业活动,而温情化管理模式则适应新媒体用户所指向的市场需求。

更重要的是,新媒体企业这种"以用户为本"的管理模式不仅适用于企业实体,也可以拓展到整个新媒体产业,成为新媒体产业通用的管理模式,这就为新媒体产业的管理与控制提供了参考范式。一方面,新媒体企业在选聘人才和进行企业管理(包括内容管理、人事管理等)时,必须时刻考虑价值链终端——用户的因素,同时也要注意在新媒体企业管理过程中营造用户所需要的文化和人本氛围。另一方面,"以用户为本"的新媒体管理理念也提示政府或政策制定者在管理和控制新媒体产业时考虑人文和人本因素。

(五)新媒体产业资本运营模式

分析新媒体产业模式,就不能不涉及新媒体产业的资本运营方式。所谓资本运营,就是对企业所拥有的一切有形和无形的存量资产,通过流动、裂变、组合、优化配置等各种方式进行有效运营,最大限度地实现增值。

新媒体产业是新媒体经济属性延伸和扩张的结果,它的发展离不开资本市场和资本运营。资本市场的基本功能是资金筹集、资源配置和制度配置,它可以在产业资本和产业组织两大方面为新媒体产业提供支持①。首先,新媒体产业积极参与资本运营,可以拓展新媒体产业融资渠道。新媒体产业在发展过程中,尤其是在发展初期,往往需要大量的流动资金,资本市场可以为新媒体产业提供广阔的融资渠道,实现新媒体产业的规模经营和集约经营。其次,新媒体产业参与资本运营,可以优化资源配置,促进新媒体产业重组和资本集中。新媒体产业链的延伸和拓展,以及新媒体产业集团化发展,都需要集中优势资源和资本,从而实现新媒体企业并购。资本市场可以为这一过程提供必要条件,保障新媒体收购和兼并顺利实施。再次,资本市场能够促进新媒体产业现代管理制度的建立。现代企业管理制度,除了上文提到的"以人为本"的核心管理观念之外,还包括"产权清晰,权责明确"的基本要求。新媒体企业通过参与实行股份制经营或改造参与市场

---

① 汤懿芬,肖红梅,罗云峰. 传媒产业化及其资本运作模式分析[J]. 科技进步与对策,2001(12).

资本运营,意味着它必须遵守资本市场规律和现代企业管理制度的要求,对于推进新媒体产业的制度建设和规范运作有不可小觑的作用。

第二节　新媒体产业的分类概述

一、网络媒体产业

互联网是人类历史发展中的一个里程碑,它不但影响着社会生活的各个领域,而且在新媒体产业的发展中起的作用至关重要。1991年,英国物理学家伯纳斯创造了万维网并建立了第一个网站。短短二十年的时间,可能伯纳斯本人都不会想到,这个本来为欧盟的核能研究机构提供的咨询服务,会对媒体经济和媒体产业产生如此巨大的颠覆作用。网络媒体相较于传统媒体,具有信息容量大、传播速度较快、覆盖范围广等许多优势。随着社会的持续进步以及技术的发展,网络媒体必将进行更深层次的变革,网络媒体产业作为战略性的新兴产业和新的经济增长点并将取得更大的发展。

1987年9月20日22时55分,北京计算机应用技术研究所向世界发出我国第一封电子邮件,邮件内容是"越过长城,通向世界",揭开了中国人使用互联网的序幕。在不到三十年的峥嵘岁月里,网络媒体迅速发展,受众群体数量迅速增加。网络媒体凭借其信息量大、交互性、全球性、及时性、多媒体形式传播的优越性,重绘世界传媒版图。普尔指出:一种物理形态的网络将能够承载所有类型的媒介服务,而一种媒介服务也可以发布于任何物理形态的网络[①]。

我国网络媒体产业可以分为7个部分:网络资讯、信息检索、网络通讯、网络社区、网络娱乐、与传统媒体结合的网络服务以及

---

① 宋昭勋.新闻传播学 Convergence 一词溯源及内涵[J].现代传播,2006(1).

电子商务等;其中,网络资讯、网络通讯、网络娱乐是 3 个重要的网络应用模块。

(一)网络资讯

中国网民使用网络的最大目的是获取新闻资讯,而新闻资讯最大的提供者就是门户网站。门户网站作为网民的基础应用,已成为网民获取新闻的主要渠道之一,使用率一直保持在较高水平。从商业运作的角度,门户网站大致可以分为商业性网站和非商业性网站。像新浪、搜狐、网易等综合性门户网站以及其他的垂直行业网站,都是商业性网站。商业性网站的特点是以盈利为目的,在经营形式上比较灵活,但是没有新闻采编的权利。非商业性网站一般是政府的官方网站、新闻网站等,这种网站的主要目的是传播信息,拥有新闻采编权利的、有代表性的网站有新华网、人民网、央视网等。这些网站一般都是与传统媒体紧密联系的,比如新华网是由新华社主办的,人民网是由人民日报主办的,央视网是由中央电视台主办的。

(二)网络通讯

网络通讯主要涵盖电子邮件和即时通讯两个领域。电子邮件在中国的发展经历了从免费到收费、从专业化到产业化的过程。在 2002 年之前,中国的电子邮件服务处于完全免费的状态,2003 年后,电子邮件开始提供收费邮箱服务。收费服务不仅促进了电子邮件的产业化,更为电子邮件服务商们开辟了新的盈利渠道,成为众多网站增值业务的重要组成部分。同属网络通讯的即时通讯产业已经发展得比较成熟,是网络通讯的重要应用之一。中国互联网络信息中心《第 32 次中国互联网络发展状况统计报告》显示,2013 年上半年,我国网民互联网应用状况较为平稳,即时通信成为第一大上网应用,网民规模达 4.97 亿。从使用率来看,即时通信使用率为 84.2%,连续保持着互联网使用率第一。随着即时通信产品功能不断的拓展,产品已不再仅仅起到交流沟通的作用,而是正在从聊天工具向综合平台转变。平台中除了基础的聊天功能外,购物、支付、游戏等服务的引入为即时通信产品搭建了一个良好的生态圈。即时通信功能的不断创新,提升了用户体验,带来新用户,也增强了用户黏性①。

(三)网络娱乐

娱乐消遣,是用户使用互联网的主要目的之一,主要包括网络游戏、网络动画、网络音乐、网络文学、网络视频等娱乐形式。网络游戏产业已成为网络媒体产业的重要经济增长点,也成为文化创意产业中最活跃的市场之一。

截至 2013 年 6 月底,中国网络游戏网民规模达到 3.45 亿,较 2012 年底增长了 964 万人,半年增长率为 2.9%。中国游戏市场呈现网络游戏与单机游戏协调发展,PC 与其他端设备游戏百花齐放的发展态势。排名前五的网络游戏运营商分别为腾讯游戏、网易游戏、盛大游戏、完美时空和搜狐畅游。2012 年在网络游戏方面,腾讯以 231.1 亿元的网络游戏营收领跑行业,网易、盛大分列第二、第三。艾瑞认为,网游企业正在进行两方面的扩张,一种是网络游戏细分类型的扩张,如页游业务;另一种是端游细分类型的扩张,如 MOBA、FPS 等类型②。

就网络视频而言,截至 2013 年 6 月底,中国网络视频网民达到 3.89 亿,较上年底增加了 1678 万人,半年增长率为 4.5%。中国视频网站真正走向了商业化、市场化和正规化。自 2010 年起,酷 6、乐视、土豆、优酷等视频网站纷纷上市,搜狐、腾讯、百度也高调进入网络视频领域。视频网站间的竞争愈加明显,视频行业加速合并与洗牌。一些视频网站背靠互联网巨头,利用母公司财力雄厚的优势,并购其他视频网站,通过强强联合来拓展用户,实现资源共享。部分网站为了扩大用户覆盖范围,还与社交网站、微

---

① 中国互联网络信息中心(CNNIC).第 32 次中国互联网络发展状况统计报告. http:// tech. qq. com/a/20130717/013740. htm.

② http://www.iresearch. com. cn/Report/1502. html.

博等联合,提供视频分享资源,实现用户共通,力图在用户覆盖提升上实现双赢。网络视听媒体通过用户的个性化配置,海量信息被分流到多种终端,形成"沙漏状"的传播模式。视频企业对不同载体的内容资源进行个性化、交互式、全方位的整合应用,通过创作数字化、碎片化的节目产品,按照用户订制需求重新编排,实现多种传播渠道的上传和下载。同时,开发具有集成化、规模化的内容产品,增强内容的编辑、存储和传输功能。

(四)网络媒体盈利模式

匡文波在《网络媒体的经营管理》中提出了网络媒体常用的5种盈利模式。第一种:免费使用模式,主要依靠网络广告盈利,典型代表有新浪、搜狐、网易等大型门户网站,虽然这些门户网站也存在其他盈利模式,但主要还是以广告收入为主,其他盈利模式为辅。第二种:内容收费模式,用户需要付费进行内容浏览,其浏览的内容具有独一性和原创性,使用对象往往是对专业性要求较高的群体。第三种:免费与收费共存模式,部分内容免费,其余内容收费,例如许多学术期刊网站,提供免费文献搜索查询服务,并且用户可以免费浏览目录、摘要等内容,但要浏览完整版文献则需要付费。第四种:电子商务模式,包括:网络产品销售、服务销售、拍卖等。第五种:网络游戏、多媒体模式,实行付费体验[①]。

这几种盈利模式又可概括为传统盈利模式和创新盈利模式两大类。传统盈利模式包括网络广告和服务两类。目前,广告仍旧是中国网络内容产业的主要商业模式,几乎90%的网站都把网络广告作为最主要的盈利渠道。广告盈利模式是通过提高网站的浏览量来吸引广告主投放广告。一种为发布性广告,是一般商业网站使用最多的网络广告,即提供一定的网页页面空间用于广告的发布。另外一种是搜索性广告,是指用户在查询某方面信息时,在搜索结果中出现相关内容的广告。搜索广告真正体现了网

---

① 匡文波. 网络媒体的经营管理[M]. 北京:中国传媒大学出版社,2009.

络的优势,使广告定位到更准确的受众群体。网络媒体的广告实际上是"二次售卖","第一次售卖"是面对媒介市场。"第二次售卖"是面对广告市场和广告客户销售,在此次销售中,广告客户购买的是受众的注意力和媒介的传播能力。服务盈利模式就是指开发用户需要的服务项目,采取有偿提供的方式,主要包括销售信息内容、搜索查询数据库付费、浏览网站内容付费。

　　创新服务模式包括虚拟货币、服务费、内容订阅等。虚拟货币模式被广泛地应用于网络游戏、即时通讯及 SNS 型站点中。在线游戏主要通过向玩家销售各类游戏充值卡获取盈利。玩家在游戏过程中需要买道具、装备等完成升级,这些都需要购买现金充值卡给虚拟账户充值来完成。许多大型网站的在线游戏收入已占到总收入的很大比重,例如网易、腾讯等。QQ、MSN 等即时通信工具也是通过实行会员制实现收费。服务费模式则在收费电子邮件中有很明显的体现。内容订阅模式被广泛地运用在网络报纸、网络杂志、在线游戏、网络电视、数据库等市场,通常是网络用户只需要一次性支付一定费用,就能够得到对特定内容的无限使用权。内容订阅付费包括两种情况,一种是部分内容免费、部分内容收费。如网络出版物中内容简介、目录、部分章节可免费,但如果要获取更深入、更完整的内容则需要支付一定费用。二是部分时段免费、超出时段收费。网络内容提供商提供一定时间的免费试用期,免费试用期结束后,用户若要继续使用这个产品或这项服务则需要支付一定的费用。

　　现在,网络媒体行业的商业模式正在探索新的思路,即从产品中心模式转型为平台中心模式,再升级为社区中心模式,获取稀缺资源,以在资本市场获得更多的"稀缺溢价"。摩根士丹利在分析报告中指出:商业模式并非生来平等,以社区为中心的模式处于金字塔的顶端,在凝聚受众方面天生占有优势,腾讯就是典型代表;以产品为中心的模式处于金字塔的底端,以网易为代表;以平台为中心的模式处于二者之间,如新浪和搜狐。

二、移动互联网产业

移动互联网是互联网与移动通信各自独立发展后互相融合的新兴事物,指移动状态下的用户能够通过以手机、MID为主的无线终端随时随地地通过无线方式接入互联网并使用相关应用与功能。移动互联网具实时性、隐私性、便携性、准确性四大优越特性。本世纪以来,随着4G网络的应用,其产业规模几何级地不断增长,出现了手机商务、手机视频、手机游戏、手机支付、手机社交、手机定位等数不胜数的移动互联网应用。互联网的丰富,全方位地改变了人们的生活、工作、娱乐方式。产业前景海阔天空,产业生命方兴未艾,必将不断创生新的革命性服务、新的财富神话,以及巨大的创业机遇和规模化的工作机会。

目前全球范围内的移动互联网产业参与角逐的三大主流力量是电信运营商、互联网企业以及终端厂商。三大主流力量的发展策略和占领产业关键控制点的路径各不相同,但其最终竞争的焦点都在于把控用户的第一接触点,即用户接触移动互联网的最优先入口。但由于移动互联网产业技术的变革以及服务形态的高度创新性,未来有可能会出现主导产业发展的新的主力。

(一)电信运营商——整合产业链资源,做好智能渠道

电信运营商致力于整合产业链资源,将最好的互联网服务和最有质量的内容资源引入到移动互联网上,整合产业链资源,打造移动互联网服务的主导平台。各大电信运营商或者通过渠道整合服务与内容,或者直接并购拥有服务于内容的公司和机构,迅速提升自身能力。运营商从网络通道上延伸应用,比如,中国电信和网易合作推出易信,中国移动建立自己的互联网公司,中国联通与微信绑定等。现时为世界上最大的移动通讯网络公司之一沃达丰(Vodafone)提出"mobile plus"战略,与微软、雅虎、Ebay、谷歌、MySpace合作建立战略联盟,打造生态环境。中国移动推动四川无线音乐产品基地、浙江杭州阅读基地、上海视频基

地、辽宁手机位置基地、江苏手机游戏基地、福建手机动漫基地、湖南电子商务基地和广东 MM(mobile maket,移动市场)基地八大基地的建设,也是整合内容与服务资源,最终目的是为用户建设一站式的综合服务平台。而其 MDO、梦网和 MM 三大平台从业务集成平台、集成业务门户和应用商店的不同纬度和角度整合当前最火爆的移动互联网应用,基本是包罗万象。

电信运营商还利用资本杠杆,选择具有口碑与用户规模的互联网或者移动互联网服务公司采用收购、兼并、投资扶植等方式,快速提升移动互联网的服务能力。如韩国 SK 电信收购赛我网(Cyworld),赛我网是韩国专业的青少年娱乐沟通社区网站。它以提供有线和无线的互联通信平台为核心,向广大网络和手机用户提供包括日记、相册、论坛、涂鸦、留言等各种服务。

(二)互联网企业——互联网产品向移动化服务大挪移

无论是创业中的小公司,还是新浪、腾讯、百度这样的业界大亨,都摩拳擦掌,紧盯着移动互联网这块领域,各出奇招,争取自己的一席之地。互联网企业普遍采取的发展路径之一是延展自身互联网成熟的产品与服务的优势,并基于移动终端的特点,加入适合在移动状态下与移动终端上使用的特性与功能,如 IM,移动搜索,邮件推送(PushMail),博客微型化等。新浪微博在 2010年在移动互联网的爆发性发展也印证了传统互联网巨头向移动互联网的进军极具冲击力。互联网企业的发展路径之二,是进入传统电信运营商业务和其他产业链环节。比如谷歌经营接入服务、推出 G1 终端,讯佳普(Skype)推出的 SkypePhone。凡客开发凡客手机客户端,奇虎 360 与华为合作百度与戴尔等合作推出智能手机,发布移动终端操作系统"百度易",阿里巴巴推出阿里云智能手机,资助开发"云智能 OS"。

(三)终端厂商——围绕终端打造综合移动互联网服务能力

移动终端是距离用户最近的设备和最直接的接口,在移动互联网时代,移动终端所扮演的角色越来越重要。终端和业务融合的趋势日益明显,终端对业务拓展能力的影响也越来越大。因此,终端厂商赶上了历史发展的最好机遇,抓住机会不断创新模式,向产业上下游延展。第一是大力发展智能化,满足包括网络化在内的普遍需求。在 4G 网络不断完善、消费者需求增长等因素的推动下,移动智能终端用户数呈现出爆发式增长的趋势。如iPhone 将创新的移动电话、可触摸宽屏 iPod 以及具有桌面级电子邮件、网页浏览、搜索和地图功能的突破性因特网通信设备这三种产品完美地融为一体。并引入了基于大型多触点显示屏和领先性新软件的全新用户界面,让用户用手指即可控制 iPhone。iPhone 还开创了移动设备软件尖端功能的新纪元,重新定义了移动电话的功能。第二是终端功能特征化,针对一定的用户人群满足其特定需求。如 Wii 联网游戏,SkypePhone 网络电话。第三是结合产业链能力。包括精选具有网络优势的操作系统合作伙伴、运营商伙伴等。如苹果在世界范围内与电信运营商的广泛合作,联想与中国移动推出 oPhone,联想集团与中国电信联合发布新版中国电信 CDMA 版乐 Phone。第四是建立应用商店,丰富自有终端的网络应用,比如苹果的应用商店。第五是把握移动互联网的服务入口,通过预装内置、操作系统、手机自带浏览器等手段,把握用户对移动互联网的第一接触点。比如,小米科技的董事长雷军就深谙此道,使小米手机集成了小米科技的所有资源:米聊、MIUI 操作系统以及后续的各种服务,力争将小米手机打造成硬件＋软件＋服务的综合体,完成从软件到操作系统再到硬件的"一条龙"布局。

三、互动性电视媒体产业

互动性电视媒体产业是传统电视媒体产业与新媒体技术相结合的产物,目前主要包括数字电视产业和 IPTV 产业。

相对于传统电视,互动性电视媒体的最大特点就是具备了强大的互动功能。随着传媒技术的进步,电视观众对于文化娱乐消费的需求不断升级。互联网宽带用户的急剧增长使用户需求呈现出多元化的发展趋势,用户迫切渴望传统电视媒体也能够具有丰富的互动性、多元化和个性化的信息服务,数字电视和 IPTV 的出现恰恰满足了用户的这种需求。同时,新技术和新兴媒体形态的出现也在很大程度上创造着需求和市场,催生出新的商业模式和市场空间。

与此同时,全球范围内媒介融合的大背景也为数字电视和 IPTV 的发展注入了新的动力,由此带动各相关产业的融合,大众传媒产业、电信产业、传统家电产业等产业之间的融合和重组也越来越广泛。在这一背景下,数字电视产业和 IPTV 产业必将成为新兴媒体产业中的热点。

(一)数字电视的盈利模式

数字电视的出现给电视媒体带来了专业频道、时移电视、VOD 点播等互动形式,为电视面对互联网的挑战、留住受众、提高盈利带来了新的机遇。新的媒体形式必然蕴含着新的盈利模式,尤其在当前的"数字化后平移时代",已经有了充足的用户基础的数字电视产业如何实现利润最大化,成为新的发展焦点。

探究目前数字电视的盈利模式,可以通过数字电视提供的服务层级来分析。有线数字电视的业务形式可分为基本业务、节目增值业务和信息接入增值业务三大类。基本业务是指传统的电视节目服务,是单向地把过去模拟信号的电视频道转到数字平台上来播出。节目增值业务指电视节目本身扩展的部分,比如数字付费频道的包月服务或互动点播电视节目等。信息接入业务指针对具有更高消费能力的用户,在电视平台上提供的电视节目之外的服务,比如网络购物、电视游戏、证券资讯等增值服务项目,以及一些体育赛事、个人主页、可视电话等付费定制业务。数字电视产业的盈利模式可以完全基于其业务形式来展开,随着业务层次的逐层提高,数字电视的盈利空间也越来越广阔(见图 7-2)。

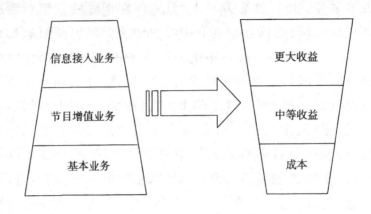

图 7-2　数字电视业务形式下的盈利模式

（二）IPTV 产业盈利模式

从消费体验和需求层次上说，IPTV 产业为用户构建了三大服务平台——提供基础服务的节目平台，提供综合服务的资讯平台，以及提供增值服务的互动平台。因此，我国 IPTV 产业的盈利模式主要包括 3 个方面：节目平台的收视费、资讯平台的广告费以及互动平台的增值业务费[①]。

1. 节目平台的收视费

内容是 IPTV 的核心竞争力，也是 IPTV 产业最重要的利润来源。在频道细分、内容为王的时代，通过向用户提供节目内容收取收视费和点播费，是 IPTV 最基本的盈利渠道。对于 IPTV 用户来说，现在的免费节目已经足够丰富，且大部分用户已经形成了对免费节目的消费习惯，因此，IPTV 要想通过节目内容收费来盈利，就只有提供较普通电视和有线电视更有针对性、更有价值的电视节目，吸引更多的付费用户。

---

① 何乃刚 . 浅析 IPTV 的盈利模式[J]. 全国商情·经济理论研究,2008(22).

2. 资讯平台的广告费

无论是传统媒体产业还是新媒体产业,广告都是最基本、最直接的盈利方式。对于 IPTV 产业来说,寻找新的盈利模式固然重要,但传统的盈利渠道仍然不可或缺,甚至可能起到举足轻重的作用,而广告正是其中最重要的一种。IPTV 的频道设置具有专业化、分众化的特点,对于广告主来说,可以针对 IPTV 的细分用户群有针对性地进行广告投放,提高广告效果。此外,对于 IPTV 而言,它涉及传统电视、计算机和手机 3 种接收终端,而这些终端都具有庞大的用户基础,这也为 IPTV 广告业务的开展提供了先决条件。

在 IPTV 的广告运营中,广告主、运营商、内容提供商、用户等各产业链环节都可以获得相应利益,这将成为 IPTV 广告发展的直接推动力①。

3. 互动平台的增值业务费

IPTV 的互动本质体现在其参与性上,互动平台的增值业务让这种参与性成为现实,同时也为 IPTV 产业带来了除节目和广告售卖以外的新的盈利渠道。按照业务类型的不同,IPTV 的互动增值业务主要可以分为 4 类:视频类互动增值业务、互联网类互动增值业务、通信类互动增值业务以及数字媒体、娱乐类互动增值业务。这些增值业务在满足用户信息和娱乐需求的同时,也通过收取增值业务费的形式为 IPTV 产业带来滚滚财源。随着未来 IPTV 产业的不断成熟,互动平台的增值业务在整个 IPTV 盈利结构中的地位将越来越重要。

四、新型媒体产业

随着新媒体技术的成熟,人们从传统户外媒体中得到了灵

---

① 徐贵宝,何宝宏 . IPTV 广告——一块全新口味的喷香奶酪[J]. 通信企业管理,2007(1).

感,将数字视频技术引入到户外媒体中,进而打破了传统户外媒体以广告为内容主体的传播结构。不仅如此,人们甚至能够在任何覆盖数字信号的地方,接收户外新媒体所传递的信息,将"户外"的概念进一步延伸至传统户外媒体所不能涉及的领域。就外延而言,目前户外新媒体产业主要包括城市彩屏、楼宇电视、移动电视等细分产业。图 7-3 为新媒体产业及各细分产业逻辑关系图。

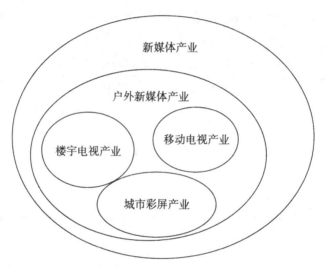

图 7-3　新媒体产业及各细分产业逻辑关系图

（一）城市彩屏产业

目前大都是指以采用国际上最先进的 LED 制作技术,由数万乃至数百万的 LED 像素灯组成的点阵像素高密度清晰的,能够强烈刺激目标人群视野,且具有支持多种播放格式、流动速度可调节等功能的户外大型传播媒体。一般来说,城市彩屏的规模要比楼宇电视、车载移动电视等户外传播媒体终端大很多。因而,城市彩屏较多地设置于城市中心地带,如广场或商业中心等。同时,与楼宇电视、车载移动电视等户外传播媒体不同,城市彩屏的目标受众群体相对具有不稳定的特征(见表 7-1)。

表 7-1　城市彩屏与其他户外媒体指标对比

种类价格/项目	信息形式		夜晚可视距离/m			媒体发布内容可视度		
	固定	可变	≤500	≤1000	≤5000	明亮	一般	较暗
楼牌广告	√		√				√	
霓虹灯广告	√			√		√		
出租车滚屏	√		√					√
普通 LED 屏幕		√		√		√		
城市彩屏		√			√	√		

（二）移动电视产业

广义的移动电视指一切以移动方式收看电视节目的技术或应用,根据接收终端的不同,大致可以分为 3 类:其一是"随车看"的车载接收机。在公共汽车、出租车、商务车、私家车等交通工具上安装机顶盒就可以实现数字电视节目无线接收。其二是"随身看"的手持接收机。旅行外出的用户,通过手机就可以收看收听数字电视节目。其三是"随处看"的家庭接收机。在流动人群密集的场所,如广场、楼宇、机场、医院、超市、银行、加油站等公共场所也可以收看收听数字电视节目[①]。

狭义的移动电视即车载移动电视,指在公共汽车、地铁等可移动物体内通过电视终端,移动地收看电视节目的一种技术或应用。本节重点探讨狭义概念范畴下的移动电视产业。

（三）楼宇电视产业

楼宇电视是指采用数字电视机为接收终端,把楼、场、堂、馆、所等公共场所作为传播空间,播放各种信息的新型媒体,既包括只播出商业广告的传统楼宇电视,又包括新兴的以数字直播为主要播出方式的城市电视。随着楼宇电视的产业化,以楼宇电视为

---

① 宫承波. 新媒体概论［M］. 北京:中国广播影视出版社,2007.

主要传播载体的商务楼宇联播网迅速崛起。商务楼宇电视联播网的创新在于它牢牢抓住了一个媒介的空隙,这个媒介空隙针对商务人士和都市白领等中高收入阶层,含金量较高;而且媒体环境相对单纯,能深入人心,充分吸引目标用户的注意力。这使得楼宇电视产业在中国得以迅猛发展。

第三节　新媒体产业的发展现状与策略

在新媒体的舞台上,无论是以计算机为显示终端的网络新媒体,以手机为显示终端的移动新媒体,还是以数字电视为显示终端的电视新媒体,都各显身手,各领风骚。数字化、多媒体和互联网联袂推出的新媒体技术日新月异;微博、播客、网络视频、手机电视等新传播媒介迭见不鲜;跨国媒介融合日益深化,媒体间业务渗透愈演愈烈,"舆论一律""介质壁垒"大大缓和,"坐地日行八万里",全球信息一体化令人叹为观止。

一、市场方面

新媒体行业在技术、内容等方面逐渐成熟,符合国家提出的文化产业中"科技与文化相融合"的要求,具有较高的文化附加值。我国在十七届六中全会决议中就提出要"发展网络新技术新业态,占领网络信息传播的制高点"。新媒体对全社会的影响力达到了前所未有的高度。同时产业发展也展现了广阔的前景,新媒体行业具有高达数千亿的经济产值,成为资本竞相追捧的对象。新媒体的快速增长为新媒体产业的发展提供了丰饶的"市场土壤",也为新媒体产业格局的重塑提供了无限的遐想空间。以电视传播、电脑传播和电信传播错综交织、相谐相洽的三大网络风头正劲,发展迅猛,新媒体的市场份额在不断扩大。中国传媒实现最大规模、最大范围、最大数量的信息传播绝非妄自尊大。

二、潜力方面

全球化时代,国际竞争越演越烈,随着中国的迅速崛起,"中国威胁论"尘嚣日起,中国发展所面临的国际国内环境日益复杂和艰难。国际竞争不仅依赖于经济、科技和军事等硬实力,更依赖于文化、意识形态、价值观等无形影响力所体现出来的"软实力"。20世纪90年代,美国学者约瑟夫·S. 奈(Joseph S. Nye)首先提出"软实力"这一概念,并认为在信息化时代,软实力是一个国家更基本、更持久也更重要的力量。这一思想迅速获得广泛的接受、认同和重视。

(一)文化软实力是民族文化认同的灵魂

软实力的核心是价值的认同。古有"欲灭其国,必先灭其史;欲灭其族,必先灭其文化"的说法。一个国家的发展进步,既源于经济、科技、军事等方面的硬实力,又源于社会价值观、民族凝聚力、民族自信心和自豪感、民族创新能力、传统文化与思想道德的魅力等方面的软实力,即文化软实力。在全球化的大背景下,经济国界日渐模糊,文化国界显得尤为重要。拥有先进文化的民族,比拥有先进武器的民族更有话语权。国家与国家的生存竞争,很大程度上要取决于国民个人的价值认同。如果说工业化时代的认同,主要是建立在意识形态层面上的话,冷战结束后,意识形态层面的认同,重心日益转向文化层面。民族文化与文化帝国主义争夺的核心,是人们潜意识中的价值认同。我国的文化软实力主要包括社会主义核心价值体系、高度的民族自信心和自豪感、公民强烈的创新意识和不断增强的创新能力、人民群众丰富多样的精神文化生活、中华民族文化对世界文化进步的贡献、日益繁荣的文化产业等。中国在实现现代化的和平崛起中需要软实力的聚集,需要新的适应当今时代潮流的民族意识的启发和调集,需要审时度势地将民族意识提升到一个新的高度,并与政治意识密切结合。从这个意义上说,提升国家文化软实力是实现民族振兴的必然要求,是增强国家综合实力的必然要求,更是赢得国际竞争力的必然要求。

(二)党和国家高度重视文化软实力建设

党的十七大首次把提高文化软实力置于国家战略的高度,十七大报告指出:"当今时代,文化越来越成为民族凝聚力和创造力的重要源泉、越来越成为综合国力竞争的重要因素。"2008 年 1 月 22 日全国宣传思想工作会议上,胡锦涛总书记强调:要牢牢掌握宣传思想工作的领导权和主动权,高举伟大旗帜,唱响奋进凯歌,振奋民族精神,服务人民大众,以更深刻的认识、更开阔的思路、更有效的政策、更得力的措施,着力建设社会主义核心价值体系,着力巩固壮大主流思想舆论,着力推进改革创新,推动社会主义文化大发展大繁荣,提高国家文化软实力,为继续解放思想、坚持改革开放、推动科学发展、促进社会和谐,营造良好氛围,为夺取全面建设小康社会新胜利、开创中国特色社会主义事业新局面提供强大思想文化保证。党的十八大报告中在论述扎实推进社会主义文化强国建设时指出:提高国家文化软实力,发挥文化引领风尚、教育人民、服务社会、推动发展的作用。以习近平为总书记的党中央在新的历史起点上,从全局和战略的高度,把文化建设摆上了空前重要的位置,显示了我们党在世界文化多样性发展的进程中,不断增强中华文化的生命力、创造力和影响力的决心和信心,展示了我们党在当今经济全球化背景下,勇于和善于吸收一切优秀的外来文化,为建设中国特色社会主义新文化服务的开放心态和博大胸怀。

(三)新媒体传播是提升文化软实力的重要载体

一个传媒化的生存时代,也是一个文化无处不在的时代,一个文化和传媒互渗互补互证的时代。随着电信网、有线电视网、互联网三网融合的有效推进,数字化、网络化和互动性为代表的新媒体技术的飞跃发展,模拟向数字、免费向付费、事业向产业的快速转变,对文化软实力的发展起着非常重要的作用。"软实力"的能量发散主要依赖于传播,信息的形成、传输、获得、回馈等各个环节构成一个严密的逻辑系统。其中,构建成熟的理论体系和运作模式,凭借产业化强大力量和工业化管理流程,使其文化输出井然有序、效果显著;积极利用国际国内两个市场、两种资源,吸收外来的有益文化,增强中华文化的国际影响力和竞争力,统筹国内国际两个大局,大力推动中华文化"走出去"。不仅积极推动政府间文化交流,着力打造一批具有国际竞争力的外向型文化企业,打造具有重要影响力的国际文化交易平台,打造具有核心竞争力的知名文化品牌,以企业为主体、以市场化运作为主要方式推动文化产品"走出去",努力扩大我国文化产品在国际市场的份额,逐步改变文化贸易逆差的局面,而且着力按照有序开放、有效管理的原则,推动文化对外开放。积极开展合资合作等多种形式,吸收各国优秀文化成果,建设语种多、受众广、信息量大、影响力强、覆盖全球的国际一流媒体,使我们的图像、声音、文字、信息更广泛地传播到世界各地,进入千家万户,为我国改革开放和现代化建设营造更加良好的国际舆论环境。

三、传播方面

当今的时代是一个流行新概念、新思维的年代,也是快节奏、多变化的年代。当专家学者们还在为"何为新媒体"争论不休时,以互联网为主的新媒体,已跨越文字和图片传播,正式进入多媒体时代,数字电视、手机报、车载电视、楼宇电视等五彩缤纷的新传媒无孔不入地渗透到人们工作和生活的方方面面。

(一)从渠道上来看,信息可以随时随地在不同媒介形态之间切换

传媒媒介变得多样化,除了传统的报刊、图书、广播、电视等媒介外,新技术的开发应用产生了网络、手机、移动阅读器、平板电脑、楼宇电视、车载电视、移动电视、航空电视、CMMB、电子书等更多的新媒介。并且,呈现出手机屏、电脑屏、电视屏趋向"三

屏合一"的趋势。如今的时代是全媒体时代,全时空、多渠道、多媒体、立体化的互动信息传播覆盖了现代信息社会的每个角落,不同形式和功能的媒体互相融合、互动,从而可以运用多种媒体手段对同一个话题和事件选择合适的媒体形式和渠道,以文字、图片、声音、影像等元素全方位、立体化地展示。所以我们看到新闻记者们由一招鲜变成了多面手,在各种会议和活动现场,他们"全副武装",手持或肩扛摄像机,胸前挂着照相机,背包里装着配有无线网卡的笔记本电脑,兜里揣着录音笔和 3G 手机,在采访现场又拍、又摄、又写、又传。

(二)从时空上来看,受众可以随时随地在不同传播状态之间出入

随着网络技术的快速发展,全球信息网络逐渐连成一个整体,形成了地球村。信息传播体系的特点在于去中心化、完全开放、无时间区域限制等。近年来,微博视频分享网站等新媒体的发展突飞猛进,它们以前所未有的开放性和互动性,创造了新的工作方式、生活方式和思维方式。"在当今参与式文化的背景下,不断发展的媒介技术使普通公民也能参与到媒介内容的存档评论和再传播中来,媒介消费者通过对媒介内容的积极参与而一跃成为了媒介生产者。"新媒体进入"SoLoMo"的新时代。"So""Lo"、"Mo",分别是"Social"(社交的)、"Local"(本地的)、"Mobile"(移动的)的缩写,"SoLoMo"是社交、本地和移动三概念的结合,也称社交本地移动,"SoLoMo"模式同样适用于新闻传播及科学传播,能够形成一种基于内容本地化、方式社交化、获取移动化的整合式传播。"大规模的量身订制"、以"内容超市"的形式进行信息配送轻而易举,自主控制和交互享用毫无障碍。

(三)从传播特性上来看,新媒体在传播交流过程中具有较高的互动性和反馈性

与 Web1.0 相比,新的网络技术是双向互动而非单向传播,用户分享而非垄断,集体智慧而非单一智慧。全球微博粉丝最多

的明星 Ladygaga 在微博上发布一条消息,可以同步传送给全球
1100 万人,经过这些粉丝的转发,这条信息几乎可以第一时间传
播到世界任何一个角落。新媒体的"病毒式"传播方式让信息做
到了一传十、十传百,最快地让受众知道。腾讯 QQ 同时在线用
户数超过 1 亿,这也意味着,其新闻弹窗可以将信息同时通知
1 亿受众,如果错过了弹窗没看到,在随后的 QQ 群、MSN 群和手
机短信的转发中,在开心网、人人网的转帖中,在各类论坛、博客、
微博甚至文章跟帖评论中,都可以及时获知热点信息。

　　大众从"温饱型"的信息需求开始转向"消费型"的内容需求,
文化娱乐消费市场初步形成。新媒体产业逐步形成规模上的巨
型产业、职业上的绿色产业。在新媒体产业全球化浪潮的冲击
下,中国要在全球传媒市场、娱乐市场、文化市场分一杯羹,要对
媒介帝国和文化霸权及舆论把控说"不",要与跨国界、跨媒介、跨
产业的传媒巨无霸们比肩迭迹,其面临的挑战是毋庸讳言的。但
是,事实已经证明并将继续证明,中国也可以充分享用信息传播
新技术、新媒介带来的诸多后发优势,快速摆脱数字鸿沟和非匀
质发展,迅速将注意力经济切换为影响力经济,从而在新媒体领
域实现跨越式发展。新媒体产业欣逢中国机遇文化产业、新传媒
经济的中国崛起志在必得。

四、网络媒体产业的发展趋势

　　云计算是继大型计算机、个人计算机、互联网之后的第四次
IT 产业革命。云计算有望成为未来信息时代最重要的公共基础
设施,数十亿台个人电脑和其他设备(如智能手机)接入云计算中
心,将带来工作方式和商业模式的彻底变革,好比从古老的单台
发电机模式转向电厂集中供电的模式。"十二五"规划把以云计
算为代表的新一代信息技术确定为战略性新兴产业发展重点。
中国电信、中国移动、中国联通三大电信运营商和许多 IT 龙头企
业、互联网公司、数据中心服务商大举向云计算转型,并纷纷成立
云计算公司和建立新一代数据中心。下一代网络(NGN)是一个

可以提供包括话音、数据和多媒体等各种业务在内的综合开放性网络构架。在下一代网络的构建基础之上，网络 metis 产业将能够实现技术融合、网络融合、应用融合、业务融合、终端融合，以及产业链融合的全面发展态势，通过彼此融合形成能够提供综合性业务网络。不同终端、屏幕的用户之间实现跨屏互动，多屏同看、多屏共享、多屏通信。

随着互联网经济的不断发展，我国网络内容产业的盈利模式也呈现出发展创新趋势，盈利渠道将进一步拓宽，内容产品和服务本身在营收中的重要性将得到加强。

网络媒体产业的监管日趋合理化，对内容产品的知识产权保护将进一步加强，相关的法律保障和政策支持将进一步完善。媒体产品的版权侵犯、电子邮箱的垃圾邮件、淫秽色情内容的肆无忌惮、个人隐私的不受保护这些网络顽疾都将得到进一步的根治。

"以用户为中心"的理念在网络媒体产业的未来发展中将体现得更加明显。Web3.0 的发展趋势会让用户在媒体产业中的地位进一步提升。网络媒体产业也将更加关注用户的需求。

参考文献

[1]RIES A. TROUT J.定位:有史以来对美国营销影响最大的观念[M].谢伟山,苑爱冬,译.北京:机械工业出版社,2011.

[2]SCHULTZ D.整合营销传播:创造企业价值的 5 大关键步骤[M].吴磊,等译.北京:中国水利水电出版社,2004.

[3]STONE B.一只小鸟告诉我的事:推特联合创始人比兹·斯通自传[M].顾雨佳,译.北京:中信出版社,2015.

[4]MAYER-SCH,NBERGER V,CUKIER. K.大数据时代[M].盛杨燕,周涛,译.杭州:浙江人民出版社,2013.

[5]SAFKO L.互联网时代营销圣经:社会化媒体营销全流程策划指南[M].郭书彩,译.北京:人民邮电出版社,2015.

[6]MARTIN C.决战第三屏:移动互联网时代的商业与营销新规则[M].唐兴通,译.北京:电子工业出版社,2013.

[7]ABRAHAM J.优势策略营销:顶级大师助你销量飙升、利润翻番[M].伍文韬,陈书,译.北京:世界图书出版社,2013.

[8]WESTWOOD J.互联网时代的新营销:理念·原理·方法·工具·案例[M].林小夕,张卉竹,译.北京:企业管理出版社,2012.

[9]JEFFERSON S. TANTON S.内容营销:有价值的内容才是社会化媒体时代网络营销成功的关键[M].祖静,屈云波,译.北京:企业管理出版社,2012.

[10]KOTLER P. KELLER KL.营销管理[M].王永贵,陈荣,何佳讯,译.14 版.上海:格致出版社,2012.

[11]酒红冰蓝.微妙:新媒体营销致胜宝典[M].北京:人民邮电出版社,2015.

[12]谭贤.新媒体运营从入门到精通[M].北京:人民邮电出

版社,2017.

[13]谭贤.新媒体营销与运营实战从入门到精通[M].北京:人民邮电出版社,2017.

[14]胡正荣,李继东,唐晓芬.全球传媒发展报告（2014）[M].北京:社会科学文献出版社,2014.

[15]肖丽.中国新媒体产业安全报告 2015－2016[M].北京:社会科学文献出版社,2017.

[16]北京印刷学院文化产业安全研究院.中国新媒体产业安全报告[M].北京:社会科学文献出版社,2015.

[17]范美俊.新媒体文艺[M].北京:中国传媒大学出版社,2012.

[18]上海双年展组委会.第七届上海双年展[M].上海:上海书画出版社,2008.

[19]岛子.后现代主义艺术系谱[M].重庆:重庆出版社,2001.

[20]王利敏,吴学夫.数字化与现代艺术[M].北京:中国广播电视出版社,2006.

[21]理查德·豪厄尔斯.视觉文化[M].桂林:广西师范大学出版社,2007.

[22]马永建.后现代主义艺术 20 讲[M].上海:上海社会科学院出版社,2006.

[23]刘正.万物的传媒主义[M].杭州:中国美术学院出版社,2012.

[24]张燕翔.新媒体艺术.[M].2 版.北京:科学出版社,2011.

[25]肖凭,文艳霞.新媒体营销[M].北京:北京大学出版社,2014.

[26]陈建军.新锐影像艺术[M].南京:江苏美术出版社,2007.

[27]宫林.新媒体艺术[M].北京:清华大学出版社,2014.

[28]张晓梅.新媒体与新媒体产业[M].北京:中国电影出版社,2014.

[29]秋叶,刘勇.新媒体营销概论[M].北京:人民邮电出版

社,2017.

[30]张兵.新媒体运营手册[M].北京:中国铁道出版社,2018.

[31]谭静.新媒体运营实战 208 招:微信公众号运营[M].北京:人民邮电出版社,2017.

[32]殷俊.新媒体产业论[M].成都:四川大学出版社,2009.

[33]刘芸.新媒体营销+:互联网时代的娱乐营销解密[M].北京:中国文史出版社,2015.

[34]宫承波,翁立伟.新媒体产业论[M].北京:中国广播电视出版社,2010.

[35]叶春永.社交经济:新媒体时代的社群营销实战[M].北京:人民邮电出版社,2018.

[36]曾静平,杜振华.中外新媒体产业[M].北京:北京邮电大学出版社,2014.